목 차

녹야원 · 4
바라나시 · 5

제1편 녹야원에서의 설법 · · · · · · · · · · · · · · · · · 7

누구를 먼저 제도할 것인가 · 7
사명외도 우바카 · 8
물위를 날아가다 · 9
불영탑(佛迎塔) · 10
얼룩사슴과 야자사슴 이야기 · · · · · · · · · · · · · · · · · 11
오비구의 제도 · 12
아쇼카왕의 기념 불사 · 20
야사의 구원 · 22
뱃사공의 귀의 · 25
난다 타라타의 공양과 제바의 불심 · · · · · · · · · · · · 26
재가신자 담마딘나 · 29
사리풋다 마하구치라의 문답 · · · · · · · · · · · · · · · · · 31
꾼뜨리야의 깨달음 · 32
유리태자 이야기 · 32
마하가섭과 사리풋다 · 34
병든 비구 케마 · 35
여몽환포영(如夢幻泡影) · 36
깊이 생각해 보아야 할 다섯 가지 · · · · · · · · · · · · · 37
무명(無明)의 정체 · 37
삔돌라 존자와 우데나왕 · 38
해탈의 법칙 · 39
뗏목의 철학 · 40
나행범지와의 대화 · 40
부처님의 꿈 · 44
정부동(淨不動)의 세계 · 44
내외부동(內外不動) · 44
잠을 이기는 방법 · 45

네 종류의 사람 · 47
모든 것은 씨가 있다 · 48
사념처(四念處) · 49
사사문과(四沙門果) · 49
달범행(達梵行) · 50
방일(放逸)과 고난(苦難) · 50
종해탈(從解脫) · 53
목건련의 항마 · 57
뇌타화라와 구뢰바왕 · 58
수한제의 깨달음 · 57
다툼이 없는 세상 · 58
인과차별의 이유 · 59
4종설경(四種說經) · 59
아름다운 숲 · 62
화합된 승가상 · 61
여래를 알아볼 수 있는 법 · 62
일종식(一種食)의 유래 · 63
탁발의 공덕 · 63

제2편 바라나시의 역사 · · · · · · · · · · · · · · · · · · 65

신화속에 나타난 바라나시 · · · · · · · · · · · · · · · · · · · 65
바라나시의 역사 · 67
이름난 목욕터들 · 73
유명한 사원들 · 79
갖가지 음식 · 82
구도시와 신도시 · 83
가볼만한 시장 · 86
화려한 축제 · 88
바라나시의 학문과 사회운동 · · · · · · · · · · · · · · · · · 91
바라나시의 성자들 · 92
구원의 바라나시 · 93

녹야원

녹야원은 불교의 초전법륜지 4대 성지 중 하나다.
전생에 부처님께서 사슴 코끼리 토끼가 되어 뒹굴던 곳,
5비구를 제도하고 야사의 권속들을 구원한 뒤
포교 전법의 헌장을 선언한 곳,

재가신자 담미던나와 사리불 마하구치라 가섭
유리태자의 꿈이 서린 곳,
빈두로존자가 우대나왕의 초대를 받고
뇌타화라와 구뢰바왕을 제도한 곳,

하루에 한 때 먹는 것으로 여래의 정법을 닦아
아름다운 숲을 창조하는 방법을 설해주신 곳,
잠에 빠진 목건련,
실오라기 하나 걸치지 않은 나형외도들에게
4념처 4과 달범행을 설해 마군이를 항복받고
다툼없는 세상, 정부동(淨不動)의 세계를 창조하신 곳,

한 번 가서 숙고해볼만한 가치가 있는 곳,
여기에 또 아쇼카왕 이후
수많은 유적들이 발굴되어 보존되어 있는 곳,
2천년 불교역사가 한 박물관에 진열되어 있는 곳,
어찌 이곳을 보지 않고 인도를 보았다 하리.

바라나시 역

바라나시

천당과 지옥이 함께 하는 곳,
창조주 브라마와 수호신 비쉬누가 싸울 때
시바가 하늘로부터 내려와 땅을 찬란하게 비친 곳,

갠지스강과 바루나강 아시강이 교차하는 교통요새지
인간의 시조 마누가 처음 왕조를 건설,
그 7대손 카쉬가 왕도를 형성,
힌두 이슬람 불교문화가 무르녹아 촉촉이 흐르는 곳,

진짜 바라나시를 보려면 이튿날 목욕터를 돌면서
여러 종교의 사원들과 신상,
그리고 시장들을 구경하면서 갖가지 음식을 맛보아야 한다.

죽은 시체를 화장하면서 천겁만겁의 죄업을
한꺼번에 씻어내는 그들
의식을 돕고 있는 수많은 성자들,
죽음과 삶이 뒤엉켜 굴러가는 대도시,

이곳이 바로 전설과 미신,
허구와 실재가 함께 춤추는 무한 생멸의 도시요,
명암이 함께 교차하는 사랑의 도시이다.

간디스강의 야경

제1편 녹야원에서의 설법

누구를 먼저 제도할 것인가

붓다가야에서 도를 깨친 부처님께서 범천의 권청을 받고 누구를 먼저 제도할 것인가 생각하였다.

"내 법은 진실로 깨닫기 어렵다. 세상 사람들은 살줄만 알았지 죽을 줄을 모른다. 하물며 죽음 이전의 참되고 한결같은 세계를 깨닫는다는 것은 보통 지식과 지혜로서는 어려운 일이다. 세속적인 감정이나 의지만 가지고는 깨달을 수 있는 것이 아닌데, 누가 내 법을 듣고 깨달음을 얻을 수 있을 것인가."

"아시타선인이나 발가바, 알라알라 칼라마, 우드라카 라마 푸타 같은 분들이면 알아들을 수 있을 것인데!"

아시타선인은 부처님께서 처음 탄생하셨을 때 자진하여 관상을 보고, "집에 있으면 전륜성왕이 되고, 출가하면 바른법을 깨달아 삼계도사 사생자부가 될 것이라" 예언했던 분이다.

그리고 발가바 선인은 5백 명의 제자들을 거느리고 해와 달, 별들을 섬기며, 이 세상의 복과 저 세상의 복을 빌던 배화교도(拜火敎徒)이다.

또 마가다국의 알라알라 칼라마와 우드라카라마푸다는 순수정신적 지도자들로써 싯다르타 태자에게 공무변처(空無邊處) 비상비비상처(非想非非想처)의 천당에 태어나는 방법을 가르쳐 준 스승들이다.

그러나 지금 와서 보니 모두 그들은 3년

스리랑카인들이 부처님의 초전법을 기념하여 조성한 불상

내지 1개월 전에 입멸하여 이 세상 사람들이 아니었다.

그렇다면 그동안 자신을 따라다니며 6년 동안 수행했던 교진여·아습비·마하아남·바데·바파 등 5비구가 가장 나을 것이라 생각되었다.

부처님께서 천안통(天眼通)으로 살펴보니 그들은 이미 자신이 수쟈타에게 유미죽을 얻어먹을 때 타락했다 버리고 바라나시에 가 있었다.

바라나시는 바라문교의 성지로써 세계의 많은 수행자들이 찾는 해탈의 도시였기 때문이다.

그들은 서로가 이런 생각을 하고 약속하였다.

"싯다르타는 타락한 사람이니 다시 만나더라도 아는 척도 하지 말고, 인사도 하지 말자. 6년 가운데서 마지막 순간을 목녀 수쟈타에게 순정을 바치다니 "

이렇게 생각하고 그들은 그들 나름대로의 수행길을 찾아 정진하고 있었다.

사명외도 우바카

부처님께서 붓다가야를 등지고 우루베라촌으로 나오니 사명외도 우바카가 보고 물었다.

나체로 거리를 누비고 돌아다니는 외도들

"적정한 모습은 깨끗한 믿음으로부터 나온다. 사문은 누구를 스승을 삼아 무슨 공부를 하였기에 그렇게 모습이 단정하고 청정한가?"

"나는 승자(勝者)요, 지자(智者)다. 따라서 스승도 없고 깨달은 법도 따로 없다. 나는 나 혼자 위없는 법(無上正等覺)을 깨달았다. 그래서 위없는 스승이 되었다. 나는 지금 이 깨달음을 세상에 펴기 위하여 카시국 바라나시로 가는 중이다."

"그대는 어떻게 승자 지자라 하는가."

"진리를 깨달은 자가 지자가 아니고 무엇이며, 번뇌에 이긴 자가 승자가 아니고 누구인가!"

그러나 우바카는 자신의 길이 바쁜 것을 핑계하고 다른 길로 가버렸다. 참으로 진리의 길은 외로운 길이고 처참한 길이었다.

부처님은 미리 이를 예측했기 때문에 "차라리 열반에 들어 내 자신이나 안온을 맛보리라" 생각하였는지도 모른다. 그래서 '이것도 다 인연이다' 생각하고 그만 단념하고 길을 떠났다.

그런데 얼마 안 가서 또 한 바라문 수행자가 물었다.

"어떤 것을 바라문이라 하는가?"

"나쁜짓 하지 않고 착한 마음으로 천당 가는 길 닦고 스스로 그 마음을 깨끗하게 가지면 이것을 바라문이라 한다."

"그거야 누구나 하는 말이다."

"3척 동자도 알아도 80노인도 실천하기는 어렵다."

그 역시 바쁘다는 핑계로 길을 떠나고 말았다.

물위를 날아가다

이렇게 부처님은 주란나사타라 가란나부라 샤라티 노혜다가소도를 거쳐 갠지스강가에 도착하였다. 잠시 쉬고 있는 사이에 거룻배 한 척이 도착하였다. 사공에게 말했다.

"어진 사람아, 나를 저 언덕으로 건네줄 수 있겠는가?"

"뱃삯을 내면 건네주겠습니다."

"비구는 소유를 갖지 않으니 어떻게 뱃삯이 있겠는가?"

"나는 뱃삯을 의지하여 생활하고, 처자를 양육하고 있습니다."

하고 다른 사람을 태우고 길을 떠나버렸다.

부처님은 그때 날아가는 기러기를 보고,

"그대들도 갠지스강을 건너는데 뱃삯을 물지 않거늘 하물며 만물의 영장이라고 자랑하는 사람이 그만 못해서야 되겠는가. 스스로 힘을 내어 저 기러기와 같이 강을 건

너리라."

하고 몸을 움직이는 순간 부처님은 허공을 날아 저 언덕에 이르러 있었다. 사공과 선객들이 이를 보고 놀라 까무러쳤다가 즉시 마가다국 빔비사라 임금님께 알렸다.

"대왕이시여, 오늘 저희들은 하늘을 나는 신선을 보았습니다. 나이는 서른 대여섯 되어 보이는데 키는 훤출하게 크고 얼굴에서는 밝은빛이 쏟아져 바로 쳐다볼 수 없었나이다."

"아, 싯다르타가 도를 깨쳤구나. 그가 6년 전 왕사성을 지날 때 '무엇이 부족하여 출가의 길을 가느냐. 돈이 없으면 돈을 주고, 명예가 없으면 명예를 주고, 사랑이 없으면 사랑을 줄 터이니 나와 함께 정치하자' 권했으나, '나에게 늙고 병들고 죽지 않는 약이 있다면 나도 내 나라와 부모를 위해 헌신하겠노라' 하고 떠난 일이 있다. 그런데 그이가 바로 도를 깨달은 것이다. 그러니 오늘부터 내 나라 안에서 도를 닦은 수행자들이 배를 타려하거나 또는 코끼리 말을 타려 할 때는 절대로 삯을 받지 말라."

"대왕이시여, 저는 진실로 큰 복전을 잃었나이다. 앞으로는 어떤 사람이 되었던지 도를 닦는 사람에겐 삯을 받지 않고 강을 건너드리겠습니다."

이것이 불문율이 되어 지금도 인도·스리랑카·태국·캄보디아·미얀마·네팔·부탄 일대에서는 수행자들에게 삯을 받지 않고 비행기 기차 자동차 기선 등을 태워 길을 건네주고 있다.

불영탑(佛迎塔)

그때 부처님은 상카용왕이 살고 있는 못가에 이르러 하룻밤을 지내시고, 때를 기다려 서문으로 들어가 차례로 밥을 비신 뒤 동문 밖 물가에서 단정히 앉아 음식을 드시고, 북쪽 녹야원으로 갔다.

새 짐승들이 기뻐 날고 노래하며, 옛 성인들의 수행을 찬탄하였다.

"모든 부처님들은

밤에는 마을에 들어가지 않고
때를 기다려 밥을 빌었으니
때 아닌 때 행함은
큰 우환이 되기 때문이다.

녹야원은 옛 성현들이 사시던 곳
새 짐승들도 즐겨 춤추고 노래하나니
부처님들의 몸에서 광명이 나기 때문이다."

얼룩사슴과 야자사슴 이야기

옛날 부처님께서는 사슴왕으로 태어나 이곳 녹야원에서 사신 일이 있다. 얼룩사슴 5백명, 야자사슴 5백명, 서로 그의 권속들과 즐겁게 뛰놀고 있었는데, 하루는 나라의 임금님이 사냥을 왔다가 여러 마리의 사슴을 활로 쏘아 죽였다.

놀란 사슴왕들이 의논했다.

"이렇게 있다가는 씨도 남지 않겠다. 임금님께 직접 가서 담판을 하도록 하자."

그리하여 두 사슴왕이 임금님께 나아가 사루웠다.

"우리들은 세상에 큰 폐해를 끼치지 않고 살고 있는데, 이렇게 한꺼번에 죽이면 종자가 없어지게 되겠습니다."

"그러면 어떻게 하면 좋겠느냐?"

"하루에 한 마리씩 제비를 뽑아 주방으로 보내겠습니다."

"좋은 안건이다. 한꺼번에 잡아보아야 다 먹지도 못할 것인데."

그리하여 두 사람은 매일 돌아가며 제비를 뽑아 한 마리씩 주방으로 보냈다.

그런데 하루는 새끼밴 얼룩사슴이 뽑혔다. 눈물을 흘리면서 사슴왕께 호소하였다.

"우리들은 세상 맛이라도 보고 죽게 됐지만 뱃속에 들어 있는 것이 무슨 죄가 있습니까. 태어나 세상이라도 구경하고 죽을 수 있게 해주십시오."

"누가 네 대신 죽기를 좋아하겠느냐. 어차피 죽기는 일반이니 먼저 가서 몸을 바꾸라."

하는 수 없이 눈물을 흘리고 가다가 혹시 저쪽 야자사슴왕은 내 말을 들어줄는지 알 수 없다 하고 찾아갔다.

그런데 뜻밖에 야자사슴왕이 이야기를 듣더니 환영하였다.

"잘 왔다. 내 나이 들어 어떻게 이 몸을 처리할까 생각했는데, 내가 대신 갈 터이니 너는 아기 잘 낳아 길러 임금님의 좋은 양식이 되게 하라."

야자사슴왕이 왕궁에 들어가니 임금님이 보고 말했다.

"사슴 대장들은 잡아먹지 않기로 했는데 어떻게 왔는가."

"아기사슴대신 왔습니다."

하고 사실 이야기를 하니 감동한 임금님께서 말했다.

"사람보다 더 났구나. 나는 오늘부터 다시는 사슴고기를 먹지 않겠다. 너희들도 민가의 전답을 해치지 말고 산속에 들어가 살아라."

그리하여 인도에서는 지금까지도 사슴고기를 먹지 않는다. 대신 사슴들은 일년 동안 혈기를 왕성하게 하여 뿔로써 임금님께 공양하니 그때부터 녹용을 먹게 되었다 한다.

뿐만 아니라 어떤 때는 왕 코끼리 챠단타로 태어나 여섯 개의 이빨을 부러뜨려 수행자처럼 노랑가사를 입은 사냥꾼에게 주고, 어떤 때는 산토끼로 환생하여 자기자신을 인드라신에게 음식공양하기 위해 불속에 뛰어든 일도 있다.

이렇게 역사적인 고장 녹야원에서 초전법륜을 굴리게 되었으니 부처님 또한 감개가 무량하였다.

오비구의 제도

BC. 530년 부처님 나이 36세에 동물의 동산 사르나트에 이르시니 마치 떠오르는 태양처럼 주위환경이 밝아졌다.

5비구가 서로 말했다.

"어, 저기 싯다르타 아니야!"

"타락한 범부."

"그런데 어떻게 그 몸에서 저렇듯 찬란한 빛이 쏟아질까."

5비구는 자신도 모르게 어떤 사람은 자리를 펴 앉을 자리를 만들고, 어떤 사람은 물을 길어와 발을 씻어드릴 준비를 하는 사이 나머지 사람들은 좀더 높은 곳에 올라가 그가 분명 싯다르타인지 확인코자 하였다.

그래서 부처님을 마중 나갔던 자리에는 현재 불영탑이라는 탑이 우뚝 솟아 있고, 부처님께서 전날 주무셨던 자리에는 미지가(土塔)를 세워 기념하고 있다. 또 아침 밥 때를 기다렸던 곳에는 숙대시탑(宿待時塔)이 서 있었다고 한다.

1. 중도실상(中道實相)

비구들은 제각기 전날의 약속을 어기고 자기들도 모르는 사이 부처님께 예배드리고 말했다.

"장로 고오타마시여. 진실로 당신의 신색이 좋고 피부가 청정하고 안목이 원만, 광명이 쏟아지는 것을 보니 필시 감로를 맛보고 성도하신 것 같습니다."

부처님께서는 엄숙한 태도로 말씀하였다.

"그대들 비구는 이제부터 여래를 장로라 부르지 말라. 나는 이미 생사를 끊고 범행을 세웠으며, 할 일을 다 마쳐 다시는 후세의 생(有)을 받지 않을 것이다. 그러니 지금부터 교만을 버리고 여래를 공경하면 반드시 성불하여 중생을 이익케 하리라."

"장로 고오타마시여, 그대는 옛적에도 6년 동안 고행하였으나 이런 법을 얻지 못했거늘 더군다나 해태속에 수쟈타의 유미죽까지 얻어먹은 사람이 그런 소리를 합니까?"

"그런 말을 하지 말라. 여래는 해태하거나 선을 잃은 일이 없다. 나는 분명 아라하 삼먁삼부타를 이루었으며, 감로의 젓국을 마셨노라. 이는 하늘이 증명하고 땅이 증명하리라."

이렇게 세 번 이야기 하는 사이 천지가 6종으로 진동하였다. 부처님 주위에는 대법륜의 법좌가 마련되었다.

부처님께서는 친히 세 번 돌고 법좌에 앉아 말했다.

"비구들이여 알라. 이 현겁 가운데는 5백 부처님이 계신데 부처님 세 분은 이미 열반에 들었고, 나는 네 번째로 세상에 출현하였는데, 장차에는 미륵 부처님이 내 대를 이어 세상에 태어나실 것이다."

비구들은 과거에 듣지 못한 소리를 듣게 되고, 보지 못한 것을 보게 되자 마치 백 번이나 여름안거를 지낸 비구들처럼 안목이 청정해지고 마음이 편안해졌다.

부처님께서 그들의 마음이 이미 진리를 담을만한 법기가 된 것을 아시고 설법하셨다.

"비구들아, 출가한 사람은 항상 세간의 두 가지를 버려야 되니, 첫째는 지나친 세속적인 욕락이고, 둘째는 스스로 자신을 괴롭히는 고행이다. 이 두 가지를 버리면 중도의 길이 트인다. 모든 것을

① 바로 보고

석존과 다섯비구(초전법륜상, 근래에 새로 조성)

② 바로 생각하고
③ 바로 말하고
④ 바로 작업하고
⑤ 바로 생명을 유지하며
⑥ 바르게 노력함으로써
⑦ 생각을 바로 하면
⑧ 바르게 마음이 안정되게 될 것이다.

만일 사문이 누구나 이 여덟 가지 길을 걸으면 중도의 길을 증득하여 눈이 열리고 지혜를 얻고 적정 신통을 얻어 깨달음을 얻고 마침내 열반을 증득하게 되리라."

부처님의 음성은 마치 북소리와 같고, 가릉빈가 공작 구시라 소리와 같아 사람들의 마음을 깨닫게 하여 굽은 것을 펴게 하고 막힌 것을 뚫어주었다.

당시의 모든 수행자들은 맹목적으로 고행하다가 죽으면 '그는 거룩하게 살다가 갔다' 하고, 그러한 거룩한 삶을 싫어하는 이들은 세속적인 향락에 빠져 백처자(百妻子) 천권속(千眷屬) 만노비(萬奴婢)로써 세상을 호강코자 하였으나, 5비구는 이미 가비라국 왕궁에서 그런 모습을 보아왔고, 또 출가하여 6년 수행하는 가운데서 그러한 법들을 몸소 실천해 왔기 때문에 당장에 깨달음을 얻게 되었다. 특히 5비구 가운데 교진여가 이 법문을 듣고, '아' 하고 소리를 질렀기 때문에 그때부터 교진여의 이름 앞에 '아약'이라는 말을 붙여 '아약 교진여'가 된 것이다. '아약'이란 처음 깨달은 사람이란 뜻이다.

2. 사제인과(四諦因果)

부처님께서 물었다.
"비구들이여, 이 세상은 괴로운 세상인가 즐거운 세상인가?"
"괴로운 세상입니다."
"왜 괴로운가?"
"태어나는 것도 괴롭고(生苦), 나서 늙는 것도 괴롭고(老苦), 병드니 괴롭고(病苦), 죽으니 괴롭습니다(死苦).
"태어나는 것은 즐거운 것인데 왜 괴로움이라 하는가?"
"자식 하나를 낳으려면 수많은 인연이 모여져야 합니다. 다행히 집안사람들이 생각하는 자식을 낳으면 그나마 행복한데 그렇지 못하면 괄시를 받게 되기 때문에 괴롭습니다."
"아니 사실 조건에 맞는 애인을 구해 자식 하나를 가지는 그 순간부터 아이를 가져 낳을 때까지 산도의 고통이 얼마나 심합니까?"
"그뿐 아닙니다. 사람은 태어나면서부터 사형장을 향해 보보등단(步步登壇)하고 있으니 진실로 깊이 생각해 보면 고통덩어리 아닌 것이 없습니다. 그런데 그런 가운데서도 사랑이 헤어져 살아야 하고(愛別離苦), 구해도 잘 되지 않는 것이 많고(求不得苦), 오음이 치성하고(五蘊盛苦), 원수가 한데모여 살아야 하고(怨憎會苦) - 낱낱이 헤아리면 수로 셀 수 없습니다."
또 다른 사람이 말했다.
"변해가는 것이 괴롭고(無常幻苦), 즐거운 경계가 부서지는 것이 괴로우며(壞苦), 괴롭다는 말만 들어도 괴롭습니다(苦苦). 그래서 일체를 고통이라(一切皆苦) 하지 않습니까?"
"그래. 그래서 세상사람들은 인생고를 삼고(三苦) 사고(四苦) 팔고(八苦) 일체개고(一切皆苦)라 부르고 있다. 그러나 실제 인생 그 자체는 괴로운 것도 아니고, 즐거운 것도 아닌데 괴롭다고 생각하는 마음과, 즐겁다고 생각하는 그 마음이 병이다. 생각만 없어지면 이 세상 그대로가 극락이다.
그러면 그 괴로움의 원인이 무엇이라고 생각하는가?"
"몸이 있기 때문이지요."
"생각이 있기 때문이지요."
"세상이 우리를 그렇게 만들고 있습니다."
"모두 일리가 있는 말이다. 그러나 그것

은 세상에게만 책임이 있는 것이 아니고, 몸과 생각에게만 있는 것도 아니다."

"그러면 무엇입니까?"

"탐욕과 성냄, 어리석음 등 여러가지 번뇌가 한데모여 있기 때문이다. 거기에 태어날 때부터의 가정환경을 배경으로 거만을 피우고 진리를 의심하고, 또 교육을 잘못 받아 이 몸을 배경으로(身見) 죽은 뒤 영혼이 있다든가 없다든가(邊見) 인과를 믿지 않고(邪見), 이 모든 것을 종합하여 자기 견해(見取見)를 만들고, 특정한 윤리나 도덕으로써 자기만이 가지는 특권처럼 생각하는 사람(戒禁取見)이 있으니, 모두 이것이 인간을 괴롭게 하는 요소들이다. 이것만 없다면 몸이 있은들 무슨 상관이며, 생각이 있은들 무슨 고통이 있겠느냐!"

"그러면 이 고통을 없애게 하려면 어떻게 해야합니까?"

"앞에서 말했듯이 세상을 바로 보는 눈을 가져야 한다. 이 세상 모든 것은 시간 따라 변해가고(諸行無常), 모였다 흩어지는 가운데서 나와 네가 형성되는 것인데(諸法無我), 만나는 사람을 소홀히 하면서도 족보와 이력(我相 人相), 생김새 건강(衆生相 壽者相)을 따져 온갖 시비를 일으키고, 자기만이 복 받고 오래오래 살아갈 존재인 것처럼 착각을 하고 있다. 그러니까 바른견해 속에서 바른생각을 하고, 바르게 작업하고, 바르게 말하고, 바르게 생명을 유지하여 몸과 마음을 안정하면 그 속에서 열반을 증득하게 된다."

"열반을 얻으면 무슨 좋은 일이 생깁니까?"

"무상 속에서도 영원한 마음으로 살게 되고, 고통 속에서도 즐겁게 살게 되며, 얽힘 속에서도 자유를 얻고, 더러운 가운데서도 연꽃처럼 맑고 깨끗한 생활을 할 수 있다."

"아, 그러니까 이 세상 모든 고통의 원인은 번뇌 망상이고, 그것을 치료하는 방법은 정견(正見) 정사(正思) 정어(正語) 정업(正業) 정명(正命) 정정진(正精進) 정념(正念) 정정(正定)에 달려 있습니다."

"그렇다. 고통은 번뇌의 결과이고, 번뇌는 고통의 씨앗이며, 열반은 깨달음의 결과이고, 깨달음은 열반의 원인이 되느니라. 그래서 고·집·멸·도(苦·集·滅·道) 사제(四諦)는 이 세상에서 절대 변하지 않는 진리라 하는 것이다. 그러니 너희들은 고·집·멸·도 4제를 분명히 알고 깨달아 그것을 굴려 지혜를 얻음으로써 그 고통을 열반의 즐거움으로 바꾸어 나아가야 할 것이다."

"감사합니다."

3. 인연의 굴레

그때 한 비구가 물었다.

스리랑카 사찰

"이 세상 모든 사람들은 만남과 헤어짐 속에서 살고 있다는 말을 들었습니다."

"그래. 그 만남과 헤어짐은 신의 명령이나 천기의 누설에서 얻어진 것으로 생각하면 천명론(天命論)이 되고, 운명론(運命論)이 된다.

그러나 모든 것은 생각이다. 한 생각 밝은 마음을 내면, 그 행동도 밝아지고 그 생각도 밝아지며, 그 정신과 육체가 다 밝아진다. 그리고 눈·귀·코·혀·몸·뜻이 모두 밝아져서 접촉하고 받아들이고 사랑하고 취하고 새로운 생명의 씨앗을 싹틔우고, 늙고·병들고 죽는 것까지도 모두가 밝음 속에서 이루어진다.

그런데 ① 밝지 못한 마음(無明)을 가지면 ② 그의 행(行)과 ③ 생각(識) ④ 정신과 육체(名色) ⑤ 눈 귀 코 혀 몸 뜻(六入)이 ⑥ 접촉(觸)하는 것마다 밝지 못하고 ⑦ 받아들이고(受) ⑧ 사랑하는 것(愛) 또한 ⑨ 집착(取) 속에 이루어져 ⑩ 거기서 맺어지는 씨앗(有)과 ⑪ 새로 탄생 되는 생명(生)이 ⑫ 늙고·병들고·죽는 것(老·病·死)까지 모두가 밝지 못한 가운데 이루어지고 있다.

그러므로 잘못된 생사를 없애려면 무명

(無明)부터 밝혀야 하는 것이다. 그러므로 수행자는 마땅히 이 12인연을 역순으로 관찰해 보라. 무명은 행을 일으키고 행은 생각, 생각은 정신과 물질, 정신과 물질은 6입, 6입은 접촉, 접촉은 감수작용(受), 감수작용은 사랑과 미움을 일으켜 사랑을 취하고, 사랑을 취하고 나면 새로운 생명의 씨앗을 만들어 그 업력으로 인하여 생을 받고, 생을 받으므로 늙고 죽음이 있나니, 늙고 죽음을 없애려면 반대로 생명의 씨앗을 없애고, 씨앗을 없애려면 취하고 버리는 마음을 없애고, 취하고 버리는 마음을 없애려면 사랑하는 마음을 버리고, 사랑하는 마음을 버리려면 감수작용을 하지 않고, 감수작용을 하지 않으면 접촉을 없애고, 접촉을 없애려면 눈·귀·코·혀·몸·뜻 6입을 단속하고, 6입을 단속하려면 정신과 물질을 없애고, 정신과 물질을 없애려면 생각을 없애고, 생각을 없애려면 나, 내것에 대한 의지를 없애고, 나, 내것을 없애려면 맹목적인 삶, 즉 무명을 없애야 한다."

"아, 알았습니다. 헝클어진 실타래를 푸는 데는 피차의 선후관련을 잘 살펴 끊어야 할 것은 사정없이 끊으라는 말씀이군요."

"그렇다. 그러나 그것은 끊는다고 끊어지는 것이 아니니 철저히 깨달으면 끊지 않아도 저절로 끊어지게 되어 있다."

이렇게 해 5비구는 낱낱이 중도(中道)에서 깨달음을 얻고 인과의 4제법문과 12인연의 가르침으로 생사윤회의 굴레를 벗어나게 되었다.

4. 오온무아(五蘊無我)

부처님께서 말씀하였다.

"너희들은 이제 밤과 낮으로 바른생각을 가지고 바른행을 하라. 모든 색에는 내가 없으니 색은 괴롭고 파괴하는 상을 짓지 않아 마침내 괴로움을 받지 아니할 것이다. 수·상·행·식도 마찬가지다. 그대들은 어떻게

5비구가 부처님을 맞은 영불탑(迎佛塔)

생각하는가. 5온은 항상 한가?"

"항상 함이 없습니다"

"그렇다. 5온은 항상 함이 없기 때문에 괴로운 것이다. 항상 함이 없는 것은 결국 없어질 것이니, 상주하지 않는다. 그러므로 5온에는 3세·내외·추세·상하·원근이 없다. 이렇게 알면 바른지혜를 얻을 것이고, 그렇지 못하면 삿된 지혜가 되느니라."

5비구는 이렇게 5온이 다 공한 이치를 듣고 유위(有爲) 가운데서 흘러가는 일체의 마음을 다하고 해탈하였다.

부처님께서 다시 말씀하셨다.

"이제 세상에는 여섯 비구가 생겼으니 5비구와 바로 나다. 5비구 가운데서는 아약교진여가 으뜸이 될 것이니, 전생에 옹기장사로 있으면서 착한 마음으로 지나가는 수도인을 초옥에 모셔 3개월 동안 공양한 공덕이니라. 교진여는 그때 그 선인의 화광삼매를 보고 '나도 내성에는 저 같은 삼매를 얻어지이다' 원했고, 그가 열반에 든 뒤에는 왕사성의 선인들과 함께 화장하여 탑을 세운 일이 있느니라. 감각적 쾌락에 탐착을 일삼는 것은 저열하고 비천하니, 범부의 소행으로써 고귀하지 못하고, 이치에 맞지 않는 일을 해서는 안되는 것이다.

또 스스로 고행을 일삼는 것도 마찬가지다. 괴롭고 고귀하지 못하고, 이치에 맞지 않는 것이 고행이기 때문이다. 여래는 이 두

극단을 버리고 중도로 바른 깨달은 눈이 생겨 앎이 생겨나고, 올바로 깨달아 열반에 들게 된 것이다.

그러니 내가 지금까지 설명한 4제 12인연 법문과 5온무아 중도의 법문은 어느 곳에 가서도 들을 수 없는 진리이니, 잘 간직하여 꼭 실천하도록 하라."

〈잡아함 15권〉

이렇게 말씀하신 부처님은 5비구에게 말씀하셨다.

"나는 저 아래 갈대숲 사이에 가서 명상할테니 너희들은 너희들대로 알아서 여기서 지내라."

나중에 알고 보니 부처님께서는 그 이튿날 야사집안에서 큰 사건이 일어날 것을 미

리 알으시고 그곳으로 가셨던 것 같다.

아쇼카왕의 기념 불사

모란제국의 황제 아쇼카임금께서는 부처님께서 불교를 처음 전파하신 이곳을 기념하기 위하여 여러 개의 비석과 탑들을 세웠다.

약 100m 높이로 솟아있던 다르마라지카 탑은 현재 폐허로 남아 있다. 3세기경 아쇼카임금님께서 쿠시나가르에서 열반에 드신 부처님의 유물들을 이곳으로 가져와 안치한 것으로 되어 있는데, 여섯 번에 걸쳐 확장공사를 하여 계단과 통로 출입구와 바깥벽이 세워진 것으로 되어 있다. 이 근처에서 1세기부터 5세기경에 조성되었을 것으로 추정되는 보살행의 불상이 발견되었는데, 부처님께서 살아계실 때 이 주위에서 숙식하셨을 것으로 추측된다.

커닝험이 다메크탑(大法輪塔)을 발견하였을 때 탑 꼭대기에 3피트 위쪽에서 부처님의 신조를 새겨 넣은 석판이 나왔다 하고, 다르마챠크라탑처럼 진흙과 벽돌로 만들어졌다고 한다. 하반부는 벽돌로, 상반부는 돌로 만들어진 이 원통형의 구조물은 기반에서 꼭대기까지 높이가 140피트 지름이 90피트나 되었다 한다.

사용된 벽돌은 쇠못으로 고정되어 있고, 구조물의 중간지점에 여러 가지 조상(彫像)이 부착되어 있던 것으로 추측된다. 오른쪽에는 무늬들이 넓게 퍼져 있는데, 그 무늬는 꽃, 기하학적 형상, 새, 인간 등 다양한 무늬가 있다.

키토소령은 그 옆에서 거대한 사찰(다르마 챠크라비하라)을 발견하였다. 그 절 주변에는 적어도 여러 개의 탑들이 있었기 때문이다. 현재 남아있는 것은 전체 7개 사찰의 기반과, 방 침실 베란다 배수로 뿐이다. 아마 각 침실은 큰 거실로 이어졌고 거실에는 작은 독방들이 4방으로 배치되어 있었을 것이며, 여러 통로들이 가운데 기둥을 중심으로 이어져 있었을 것으로 추측한다.

첫 번째 사찰(다르마챠크라 비하라)은 깔끔하게 지어진 벽돌 지하실이 아주 인상적이며, 이것은 우아한 복토로 장식되어 있다. 홀과 방은 모두 사라져 없으나 작은 사당으로 이어지는 긴 터널 같은 통로는 매우 인상적이다. 적어도 여기에는 세 개의 사찰이 있었을 것으로 추측한다.

네 번째 사찰의 동쪽방 위쪽 벽에는 악마를 삼지창으로 관통해 버린 거대한 쉬바상이 발견되었다. 거기서 이 사찰을 만든 쿠마르대비와 그 건축에 대한 기록을 남긴 석판이 발견되었다.

다섯 번째 사찰에서는 부처님께서 설법

녹야원의 옛 승원터

하신 강령들을 기록한 진흙 천정이 발견되었고,

여섯 번째 사찰에서는 그 안에서 사용하던 절구와 절구통이 나왔는데 그것은 병원용이 아닌가 하여 거기 병원이 있었을 가능성이 있다고 보고 있다.

일곱 번째 사찰은 폐허 위에 지어진 건물인데 이전에 있었던 건물은 화재로 소실된 것이 아닌가 생각하고 있다. 아마 이곳에서는 적어도 1500명 이상의 승려가 살았을 것으로 인식된다. 휴엔추엥은 '삼미티야 학파인 하나야 불교학교가 있었을 것'이라고 말하고 있다. 여기서는 부처님 키와 거의 비슷한 금동불상과 망고나무 형상이 발굴되었다.

사르나트와 가이지푸르로 연결하는 길을 만들 때 오르탈은 다르마지카탑 부지 옆쪽에서 아주 아름다운 전법륜상 불상을 발견하고 아쇼카왕께서 만든 비석과 4사자상 등 무려 476개의 조상과 41개의 비문이 나왔다.

1947년 인도가 첫 독립국가가 되었을 때 여기서 발견된 4사자상을 국장으로 채택하였다. 이 모양은 지금도 우표나 지폐, 동전, 공문서에 많이 응용되어 있다.

여기에서 발견된 물건들을 전시하기 위해 1910년 박물관이 전시되었는데, 이 건물은 사찰과 거의 비슷한 디자인으로 지어 유명하다.

그러면 이렇듯 유명한 사찰이 어떻게 망실되었을까. 그것은 11세기경 인도를 침범한 모하메드 가즈니와 12세기경 들어온 쿠탑우딘 아이박에 의해 파괴된 것인데, 그때는 불교유적지 뿐 아니라 전 도시가 황폐화되고, 유물들은 불태워져 먼지로 변했다고 한다.

그 후 사르나트는 거대한 흙더미로 변해져 있었는데, 1793년 자갓 싱이 바라나시의 건축자재를 공급하기 위해 땅을 파다가 그 모습이 들어나 1907년 고고학 발굴지점으로 지적, 1834년 발굴 감독이었던 커닝험에 의해 과학적인 발굴이 이루어졌다고 한다.

그 뒤 콜 메켄지가 발굴한 물건에는 후나족이 침범하기 전 스님들이 감추어 놓았을 것으로 추측되는 사찰과 조각품들이 발견되어 지금 켈커타주립박물관에 보호되어 있다.

그 뒤 정부소속 엔지니어였던 마르캄 키토(1851~1852), 판사였던 토마스(1853) 등이 마구잡이로 발굴하여 귀중품은 대부분 골통품 수집가들에게 넘어가고, 40여개가 넘는 굵은 석조물과 50~60수레에 달하는 돌들은 바루나 다리를 보강할 때 쓰여진 것으로 알려져 있다. 결국 1856년 인도정부는 염료 경작지였던 페르구손으로부터 이 땅을 사들여 1900명의 관리인을 고용 본격적으로 보존하게 되었다.

640년 하라샤바드단이 군림하던 시절 이곳을 방문한 휴엔 추영에 의하면 사찰주위에 맑고 깨끗한 호수가 있어 부처님이 거기서 목욕하고 바루를 씻고 가사를 세탁한 곳이 아닌가 생각된다. 이로써 보면 후나족이 침략하기 6세기 전까지는 세계적인 성소로써 동남아시아 일대에서 온 모든 성자들이 거기 머물렀던 것을 알 수 있다.

사실 불교가 몰락하게 된 동기는 상좌 대중의 분열에도 있고, 후나족의 침범도 있었지만, 국내 힌두교의 부흥에도 없지 않았다. 종파분열로 인한 불교를 일반대중들이 외면하고, 무관심함으로써 자연재해를 겸해 그 몰락이 가속화된 것으로 볼 수 있다.

최근에는 스리랑카 스님들의 마하보디회가 중심이 되어 성지 지키기 운동이 일어나고, 일본·한국·태국·캄보디아·미얀마·동남아 일대 스님들이 절을 지어 보호하고 있다.

야사의 구원

이튿날 새벽 날이 아직 밝기 전에 부처님께서 앉아 계신 갈대밭 건너편에서 이상한 소리가 들려왔다.

"아이쿠 무서워, 아이쿠 무서워."

자세히 살펴보니 젊은 친구 한 사람이 뛰어오며 외치는 소리였다.

부처님께서 조용히 일어나 말했다.

"친구여, 이곳은 무섭지 않으니 이곳으로 오너라."

청년은 물가에 신을 벗어 놓고 헤엄쳐 왔다. 부처님을 바라보더니 안심한 듯 절을 했다.

"성자시여, 저를 구원해 주시옵소서. 저는 이 마을 구리가 장자의 7대 독자입니다. 일곱 살 때부터 집안의 씨를 받는다고 결혼시켜 지금에는 20명이 넘는 여인들을 거느리고 있습니다. 밤이면 여인들이 서로 데려가려 하므로 겁이 나서 높은 나무에 올라가 있다가 그들이 잠든 틈을 타서 도망쳐 왔습니다. 아무래도 이러한 상황 속에서는 세상을 더 이상 살 수 없어 물에 빠져 죽고 싶어 물가로 달려온 것입니다.

"참으로 자네는 복이 많은 사람이구나. 한 여자도 거느리지 못한 사람이 많은데, 20명이 넘는 여인들을 거느리고 산단 말인가. 만일 자네가 물에 빠져 죽는다면 저들은 모두가 생과부가 될게 아닌가. 뿐만 아니라 따라 죽는 자도 생길걸세. 저들이 자네를 의지해 살면 그들 친정까지도 풍요가 있겠지만, 자네가 죽고 없으면 모두가 거지가 될 것이야."

"그렇지만 저는 집에 들어가고 싶지 않습니다. 부처님을 따라 출가하고 싶으니 받아 주십시오."

"그래, 좋도록 하세."

그때 강 건너편에서 야사가 벗어놓은 신발을 보고 큰소리로 울부짖으며 외쳤다.

"야사야, 야사야, 다시는 괴롭히지 아니할 것이니 제발 죽지 말고 살아다오."

야사와 친구 54명의 귀의(사르나트박물관)

야사가 말했다.

"저놈의 영감탱이가 여기까지 쫓아와 또 사람을 괴롭게 하는구먼—."

"저가 누구냐?"

"저의 아버지입니다."

"아버지에게 어찌 그런 불경스런 말을 해서 되겠느냐. 네가 물에 빠져 죽은 줄 알고 저렇게 소리를 지르고 있으니 일어서서 어서 아버지를 맞으라."

그때야 못이기는 척하면서 일어나 소리쳤다.

"아버지, 저 여기 있습니다."

물에 빠져 죽은 줄만 알았던 아들이 갈대밭에서 소리치자 야사의 아버지는 옷을 입은 채 그대로 물에 뛰어들어 건너왔다. 그리고 야사를 안고 흐느꼈다.

"오, 내아들 죽지 않고 살아있구나. 고맙다 야사야."

야사가 겸연쩍어 하면서 단정히 서서 말했다.

"사실은 이분 성자 때문에 죽지 않고 살았습니다."

야사의 아버지는 그때에야 부처님을 발견하고 백배 사죄하며 수없이 절을 하였다.

"감사합니다 선인이시여. 내아들 7대독자를 살려주셨으니 감사합니다."

부처님께서 말씀하셨다.

"조용히 앉으십시오."

한쪽에 앉아 숨을 고르자 야사가 말했다.

"아버지, 저는 집에 절대로 들어가지 않습니다. 만일 가자고 하면 저는 물에 빠져 죽겠습니다."

"그래. 그래. 네 마음대로 하라."

하고 부처님을 향하여 백배사례 하였다.

"감사합니다 부처님. 이렇게 죽지 않게 해주신 것만 해도 천만다행입니다."

"내 들으니 이 아이의 마음이 집에서 떠난지 오래되었습니다. 출가시켜 도를 닦도록 해주십시오."

"그러나 만일 이 아이가 집을 떠나 멀리 간다고 하면 집사람마저 죽게 될 것입니다."

"그렇다면 야사는 집 근처에 조그마한 정사를 마련하여 있게 하되 누구도 여인은 시봉으로 쓰지 말고, 남자들로 하여금 시봉하게 하여 청정을 지키게 하십시오."

"감사합니다. 오늘 점심공양은 저희집에서 초대하겠습니다."

부처님께서는 침묵으로 승낙하였다.

밥 때가 되어 5비구와 함께 집에 나아가니 벌써 마당에 멍석을 깔고 음식을 진열해 놓았다. 마을 사람들 수백 명이 모인 가운데는 야사의 친구 55명도 있었는데, 모두 출가를 희망하였다. 이에 부처님께서는 공양을 마치시고 출가 희망자 55인에게 3귀의를 가르쳤다.

거룩한 부처님께 귀의합니다.
거룩한 가르침에 귀의합니다.
거룩한 스님들께 귀의합니다.

야사의 아버지 어머니와 그의 가족들에게도 우바새 우바이가 되게 하였다. 그리고 말씀하였다.

"비구들아 내가 사람과 인천 일체 표박(漂迫)으로부터 벗어난 것과 같이 너희들도 또한 일체 표박으로부터 벗어났으니, 세상 사람들을 불쌍히 여기고 그들의 안락을 위해서 유행하라. 둘이서 한 길을 가지 말고 처음도 좋고 중간도 좋고 끝도 좋으니 뜻과 글이 다 갖추어진 진리를 널리 전하라. 모두 원만하고 맑은 청정한 행을 가르치라. 세상에는 더러움이 적은 사람도 있는데, 법을 듣지 못하면 망할 것이다. 나도 진리를 펴기 위해 우루베라 세나이촌으로 가겠다.

그리고 우바새 우바이는 출가 비구스님들의 수행을 돕고 청정한 가정생활을 통하여 세간의 선을 실천할 수 있도록 하라.

출가자는 원래 집을 떠나 멀리 유행하게 되어 있으나 야사는 늙은 어머님과 아버지, 그리고 여러 권속들을 위해 당분간 이 마을을 떠나지 말고 이곳을 찾아오는 사람들을 책임지고 지도하라."

이렇게 해서 부처님의 권속은 출가 61명과 재가신도 수십 명이 생기게 되었다.

뱃사공의 귀의

이튿날 부처님이 배를 타고 강을 건너고자 갠지스강가에 이르렀을 때 멀리서 세존께서 오시는 것을 보고 한 뱃사공이 자리에서 일어나 속히 달려와 부처님을 영접하였다.

"어서 오십시오 세존님. 어디로 가시려 하시는지, 저를 연민히 여기시어 저의 배를 타주십시오. 제가 저 언덕에까지 모셔다 드리겠습니다."

부처님께서 배에 올라 한 게송을 읊으셨다.

그대 이 배를 햇볕에 잘 말리어
가볍고 빨리 가게 하듯.
탐욕 진에의 번뇌를 버린다면
배는 더욱 빨리 저 언덕에 이르리라.

사랑하는 마음, 어여삐 여기는 마음,
기쁜 마음, 봉사하는 마음으로
이 배를 저어 가볍게 건네주면
그대는 반드시 열반에 나아가리라.

부처님께서 이 게송을 읊고 그를 쳐다보니 물로 배를 씻은 듯 그의 속된 마음이 다 없어져 버리고 손에는 저절로 질그릇 바루가 지어져 머리와 수염이 깎여진 7일된 비

티베트의 다라이 라마가 이곳에와 촛불을 밝히고 있다.

구와 같았다. 걸음걸이와 위의는 백하(百夏)를 지낸 상좌와 같이 되어 곧 출가하여 계를 받았다.

사공이 말했다.

"부처님. 저는 오늘 할일을 다 마치고 다시는 후세의 몸을 받지 않겠습니다."

하고 노래 불렀다.

세간의 대장부로 족함을 아시는 분,
스스로 깨달아 세상에 짝이 없는
이름은 아라한, 홀로 향하시니
나는 지금 그이의 제자가 되었도다.

중생들이 번뇌 바다에 빠져서
고난 속에서 헤어나지 못하니
그 이름 뱃사공
스스로 건너고 남도 건네주시네.

난다 타라타의 공양과 제바의 불심

부처님께서 이튿날 병장촌에 이르러 걸식하러 나가자 병장의 두 딸들이 정성껏 음식을 장만하여 부처님께 올렸다.

부처님은 공양을 마치시고 6근 6경 6식의 18계 법문을 하시고, 4제 12인연의 법문을 말씀하시니 금방 눈이 뜨여 3귀 5계를 받고, 수다원과를 증득하였다. 이 광경을 옆에서 지켜보고 있던 제바가 그의 부인께 말했다.

"내가 일찍이 저분이 설산에서 공부한다는 말을 듣고 꼭 공양을 한 번 올리기 원했으나, 가난이 무엇인지 한 번도 공양을 올리지 못했으니 진실로 한이 된다."

하니 부인이 말했다.

"내가 옛날 당신에게 처음 시집오니 난타 파라타의 아버지께서 내손을 한 번 만져보기를 희망하였습니다. 그런데 그때는 그의 부인도 살아 있고 당신 또한 젊어서 절대 안된다고 했는데, 지금 와서는 그의 부인도 죽고 나이도 먹고 부끄럼도 어느 정도 없어졌으니 한 번 만져보라 하고 돈을 받아 당신의 소망을 꽉 차게 하면 어떨까요?"

"그런 소리 하지 말라. 세상에 으뜸가는 성자께서 어찌 감히 그런 부정한 돈으로 만든 음식을 드시겠는가. 내가 직접 가서 사정을 해 볼테니 당신은 두고 보시오."

하고 병장에게로 갔다.

"두 따님이 성자께 공양하는 것을 보고 부러워 나도 한 번 해보고 싶은데 돈이 없습니다. 다소간에 변을 주시면 장차 일을 하여 그 대가를 치를까 합니다."

"만일 갚지 못한다면 어떻게 하겠소?"

"마누라라도 잡히겠습니다."

병장은 웃으면서 돈 500냥을 주었다. 두 부부는 기쁜마음으로 밤새도록 음식을 준비하였다. 그런데 부인의 옷이 너무 남루하여 부처님 앞에 나타나기 부끄러우므로 그의 딸들에게 부탁하여 어머니께서 시집오실 때 가지고 오신 옷을 1천 냥에 빌려 입었다.

부처님께서는 모처럼 정성들여 장만한 음식을 달게 드시고 떠났다. 부인은 기쁜마음으로 청소코자 비를 들었다가 귀한 옷에 먼지가 묻으면 안될 것 같아 빌려온 옷을 벗어 댓돌위에 올려놓고 청소를 하였다. 그런데 그동안 도둑놈이 와서 댓돌위에 놓아둔 귀한 옷을 훔쳐가지고 도망갔다.

이 사실을 안 제바는

'어차피 내 인생은 끝났다. 빌려온 500냥만 해도 갚을 길이 아득한데 1000냥 옷값까지 갚으려면 평생을 갚아도 다 갚을 수 없다. 그러니 차라리 내가 죽어버리면 자식도 없겠다 마누라는 병장집에 가서 살면 되지 않겠는가.'

생각하고 뒤뜰 당산 나무에 올라가 목을 매고자 끈을 매었다. 그런데 공교롭게도 그 순간 옷을 도둑질해간 도둑놈이 공동묘지 옆에다가 그 옷을 묻고 똥을 싸 표적하고 있었다.

"옳지. 죽더라도 옷이라도 찾아주고 죽어야지 그냥 죽어서는 안되지."

하고 쫓아가서 그 옷을 가지고 오니 여자가 마당을 쓸다가 춤을 추고 노래를 불렀다.

알 수 없는 일이로다.
알 수 없는 일이로다.
무슨 일로 잃어버린 옷을
놓았던 댓돌 밑에서
황금단지가 나온단 말인가.

제바는 아내가 옷을 잊어버리고 미친 줄 알고

"여보, 정신 차려. 옷을 찾아왔으니"

하니,

"옷이고 무엇이고 소용이 없어. 이 황금단지를 어떻게 한단 말인가!"

하고 정신이 몽롱해졌다. 자세히 듣고 보니 옷이 없어진 뒤 여자가 청소를 하다가 댓돌이 마음에 걸려 발로 툭 찼더니 그 속에서 황금단지가 나왔다는 것이다.

제바 신사가 들여다보니 몇 백억이 될 수 있는 엄청난 돈이므로 그도 놀라 어찌할 바를 몰랐다.

그런데 그의 부인이 말했다.

"어제는 남의 돈으로 공양 하였지만 오늘은 우리 돈으로 공양을 하게 될 것이니 부처님께 가서 당신이 다시 한번 공양청을 하세요."

제바는 듣고 감격하여 부처님 가신 길을 따라 달렸다.

"부처님, 부처님. 우리 집에서 황금단지가 나왔습니다. 오늘은 우리 돈으로 공양하게 될 것이니 기쁜마음으로 받아주십시오."

부처님께서는 침묵으로 승낙하시고 다시 병장마을로 돌아왔다. 그동안 소문이 쫙 퍼져 나라의 임금님 귀에까지 들어갔다.

"허허, 그놈이 뭣 모르고 하는 소리지. 내 나라 땅에서 나온 금이면 그것은 곧 국가의 것이니 바로 임금님 것이지 어찌 자기 돈이란 말이냐. 내일 대중이 다같이 보는 가운데서 본때를 한 번 보여주리라."

하고 나라의 임금님이 병졸들을 모으고 명령했다.

"내일 부처님 공양하는 자리에 가서 제바의 돈이 국가의 돈임이 확인되면 너희들은 그 돈을 몰수하여 가지고 올뿐 아니라 제바 부부도 함께 연행해 오너라."

"예. 그렇게 하겠습니다."

그리하여 이튿날 제바 부부의 공양청 자리에는 청하지 않은 임금님과 병장까지도 다같이 나와 있었다.

부처님께서는 밤새도록 정성껏 마련한 공양을 드시고 제바 부부를 칭찬하자 나라의 임금님께서 물었다.

"부처님. 내 나라 땅에서 출토된 금품은 누구의 것입니까?"

"개인의 것일 수도 있고 국가의 것일 수도 있습니다. 원래 제바는 전생부터 이곳에 살면서 전생에는 저곳에 음식점을 차려 많은 돈을 벌었으나 자식이 없었으므로 돈을 모아 저장하면서, '내생에는 큰 성자를 모셔 공양하고 나머지 돈을 가지고는 나라 임금님께 3분의 1을 드려 국정에 보탬이 되게 하고, 3분의 1은 국민들께 보시하여 복지사업을 일으키고, 3분의 1을 가지고는 우리 가정을 원만히 운영하여 모범된 가정을 이룩하도록 합시다' 원을 세웠기 때문에 오늘 이 돈을 3분하여 그렇게 하는 것이 좋겠습니다."

하니 나라에 임금님께서는 감격하여

"전생에도 돈 관리를 잘하여 이렇게 황금단지를 만들어 국가와 사회에 큰 도움이 되는 일을 하였으니, 그대가 나라를 다스린다면 얼마나 복된 일을 하겠습니까. 내 이 자

리에서 두 부부에게 재무부장관으로 임명하오니 모두 함께 축복해주십시오."

하니 제바 부부는 나라의 재정을 담당한 장관이 되고, 병장 또한 신임을 얻어 국방장관이 되게 되었다.

이 설화는 불본행집경 제40권 교화병장품에 나오는 이야기이다. 이로부터 불교의 스님들은 어느 곳에 가던지 탁발에 장애가 없었으며, 문제의 가정, 국가, 사회의 모든 문제들을 해결하여 국가 사회에 큰 복전이 되었다.

재가신자 담마딘나

부처님께서 녹야원에 계실 때 재가신도 담마딘나가 물었다.

"세존이시여, 오랜 세월 이익 되고 행복할 수 있는 훈계를 주십시오."

"여래께서 가르친 경전들은 깊고 심오하여 세상을 뛰어넘어 공 도리에 맞는다. 우리는 때때로 그 가르침을 배워서 성취해야 한다."

"세존이시여, 아이들이 북적대는 집에서 살고 바라나시와 같이 옷과 전단향을 사용하고, 꽃다발과 향수 크림을 소지하고, 금은 등을 향유하는 저희들에게 여래께서 가르치신 경들은 깊고 심오하여 세상을 뛰어넘는 진리라 저희들이 때때로 가르침을 배워서 성취한다는 것은 쉬운 일이 아닙니다."

"그렇다면 세존께서는 공양 받을만한 님, 올바로 원만히 깨달으신 님, 지혜와 덕행이 갖추어지신 님, 바른 길로 잘 가신 님, 세상을 이해하는 님, 가장 높은 자리에 오르신 님, 사람들을 길들이시는 님, 신들과 인간의 스승이 되시는 님, 깨달으신 님, 세상에서 가장 존귀한 님이라고 그 경험에 근거하여 둔 청정한 믿음을 성취한다.

그리고 그 분의 가르침은 현세에 유익하며, 사람을 초월한 가르침이며, 와서 보라고 할만한 가르침이고, 승화시키는 가르침이고, 슬기로운 이 하나하나에게 알려지는 가르침이다. 믿고 그 믿음을 청정히 성취시킬 수 있도록 하라. 그리고 참 모임에 관해 남의 가르침을 따르는 참 사람들은 훌륭하게 정직하게 현명하게 조화롭게 실천한다. 4쌍 8배로 이루어진 이 승가대중은 언제 어디에서나 공양 받을 만하고 대접받을 만하고 선물 받고 존경받을 만하고 세상의 가장 높은 복밭이 된다.

또한 파괴하지도 않고 갈라지지도 않고

잡되지도 않고 더럽혀지지도 않고 자유로와 현자가 칭찬하고 번뇌에 물들지 않고 삼매에 도움이 되도록 거룩한 분들이 사랑하는 계행을 지키겠다 맹세한 단체임을 믿어야 한다."

"세존이시여, 성스러운 아라한의 네 경계에 대해서 말씀해 주셨는데, 저희들은 그 법 가운데 있으며, 그 법 가운데 저희들이 있사옵니다."

〈잡아함 37권〉

사리풋다 마하구치라의 문답

존자 사리풋다와 마하 구치라가 바라나시 이씨 빠따나(선인들이 살던 곳) 미가다야(녹야원)에 있었다.

마하 구치라는 저녁 무렵 홀로 선정에서 일어나 존자 사리풋다가 있는 곳으로 가 인사를 나누고 물었다.

"늙고 죽음은 스스로 만드는 것입니까, 남이 만드는 것입니까. 스스로 만들기도 하고 남이 만들기도 하는 것입니까. 아니면 스스로 만드는 것도 아니고 남이 만들어 주는 것도 아닙니까?"

"스스로 만든 것도 아니고 남이 만든 것도 아니고 태어남(生)을 조건으로 생겨난 것이다."

"그러면 태어남은 누가 만든 것입니까?"

"존재(有)를 조건으로 태어나게 된 것이다."

"존재는요?"

"취착(取)을 조건으로 생겨난 것이다."

"취착은요?"

"갈애(愛)를 조건으로 생겨난 것이다."

"갈애는요?"

"감수(受)를 조건으로 생겨난 것이다."

"감수는요?"

"접촉(觸)을 조건으로 생겨난 것이다."

"접촉은요?"

"육입(六入)을 조건으로 생겨난 것이다."

"육입은요?"

"명색(名色)을 조건으로 생겨난 것이다."

"명색은요?"

"의식(識)을 조건으로 생겨난 것이다."

"의식은요?"

"캄캄한 믿음(無明)을 조건으로 생겨난 것이다."

"그렇다면 이 세상의 명색과 식은 스스로 만든 것도 아니고, 남이 만들어 준 것도 아니고, 스스로 만들기도 하고, 남이 만들기도 하는 것도 아니고, 원인없이 생겨나는 것이 아니라 여러 가지 조건에 의해 생겨난 것입니다."

"그렇다. 마치 두 개의 갈대 묶음이 서로 의지해서 서 있는 것처럼 모든 것은 서로의 연관속에 존재한다. 그러므로 하나를 떼어내면 본래 하나도 쓰러지는 것같이, 명색이 소멸되면 의식이 소멸되고, 의식이 소멸되면 여섯 감각기관과 차례로 접촉 감수 갈애 취착 존재 생 노사우비고뇌가 소멸되어 이 세상의 온갖 고통과 불쾌 절망이 모두 없어져 버리게 된다."

"참으로 놀라운 일입니다. 인생의 설흔여섯 가지 명제는 곧 12인연을 내용으로 하여 그것을 실천하고 해탈함으로써 분류 설정된 것이군요?"

"그렇다. 누구나 이 내용을 잘 알고 거기

서 벗어나게 되면 현세에서 열반을 증득할 수 있다. 그러므로 수행승들은 늙고 죽음을 싫어하면 이 열두 개의 갈대 다발을 싫어하여 거기서 벗어나야 하는 것이다."

"여래는 사후에 존재한다고도 하지 않고, 존재하지 않는다고도 하지 않는데, 그 이유가 있습니까?"

"첫째는 존재에 대한 기쁨과 즐거움을 갖지 않기 때문이고, 둘째는 집착을 갖지 않는 까닭이며, 셋째는 목마른 사람이 없기 때문이고, 넷째는 더 이상 그것을 원하지 않기 때문이다." 〈잡아함 12권〉

꾼뜨리야의 깨달음

유행자 꾼뜨리야가 와서 물었다.
"세존께서는 무엇을 위해서 사십니까?"
"밝은 지혜와 해탈을 위해 사노라."
"어떤 것을 닦고 익히면 명지와 해탈을 얻을 수 있습니까?"
"염·택법·정진·환희·경안·정·사의 일곱 가지 고리를 성취하라."
"어떠한 가르침을 닦고 익히면 일곱 가지 깨달음의 고리를 성취할 수 있습니까?"
"신·수·심·법(身·受·心·法) 네 가지 새김을 토대로 닦으면 된다."
"네 가지 새김을 익히려면 무엇부터 닦아야 합니까?"

"몸과 입·뜻 세 가지로 훌륭한 행위를 하라."

"세 가지 행위를 성취하려면 어떻게 해야 됩니까?"

"감관을 수호하라. 시각으로 마음에 드는 형상을 보고 탐착하거나 환희하지 말며, 탐욕을 일으키지 아니하면 몸이 바로 서고, 마음을 바로 써서 내적으로 잘 조화되어 해탈하게 되는 것이다. 그러면 불안하지 않고 우울하지 않고 원한에 사무치지 않고 몸이 바로 서고, 마음이 바로서서 내적으로 잘 조화를 이루리라. 시각과 같이 청각·후각·미각·촉각·정신도 그렇게 하면 해탈을 얻게 된다."

"감사합니다."

유리태자 이야기

부처님께서 도를 이룬 지 얼마 되지 않아 바사닉왕이 보위에 올라 생각하였다.

"석가족은 참으로 훌륭하다. 인물도 출중하지만 석가모니 부처님 같은 성자를 배출하였으니 나도 그 집안의 딸을 데려와 석가부처님과 같은 자식을 하나 얻으리라."

이렇게 하여 그가 보위에 오른 지 얼마 되지 않아 사신을 불렀다.

"너희들이 가비라국에 가서 코살라국 임금님께서 그런다고 '석가족 출신의 한 여인을 보내 달라' 하여라. 만일 순순히 받아들여 보낸다면 말할 것 없지만 그렇지 아니할 때는 힘으로 핍박 한다 일러라."

카필라국에서는 500명 석가족들이 모여 의논하였으나 누구 하나 그 딸을 내놓을만한 사람이 없어 마하남의 종에게서 낳은 딸을 보내기로 하였다.

바사닉왕은 매우 기뻐하였고, 그와 결혼 후 얼마 있다가 유리알같이 맑고 깨끗한 아들을 낳아, 그의 이름을 '비류득(유리)태자'라 부르게 되었다.

유리 태자가 여덟 살이 되었을 때 왕은 그에게 말하였다.

"너도 이제 컸으니 외갓집에 가서 궁술을 익혀오너라."

마하남은 큰 코끼리를 타고 온 유리 태자를 환영하여 500동자와 함께 무술을 익히도록 하였다. 그런데 그때 큰 강당이 마련되어 부처님을 모셔 공양하자고 의논하고 있었는데, 유리 태자가 그곳에 이르러 사자좌에 앉자 석가족 아이들이 꾸짖었다.

"이 종년의 자식아. 하늘도 사람도 아직 머무른 일이 없는데, 네가 어찌 감히 이 자리에 들어와 큰 자리에 앉는다는 말이냐."

하며 그를 끌어냈다. 화가 난 유리 태자는 뒤에 서 있는 범지의 아들 호고에게 말했다.

"내가 만일 왕위에 오른다면 석가족들을 가만두지 않으리라." 석가족에게 당한 치욕을 기억하도록 다음 게송을 외우라.

모든 것은 다 사라짐으로 돌아가니
과일도 익으면 반드시 떨어지고 마네.
합하고 모인 것은 반드시 흩어지고,
태어나면 반드시 죽음이 있을 뿐이네."

그 뒤 얼마 있다가 바사닉왕이 돌아가시자 유리 태자가 왕위를 계승하였다. 보좌에 오르자마자 호고 범지가 말했다.

"석가족에게 당한 치욕을 기억하소서."

유리왕은 4군을 이끌고 가비라국으로 가다가 메마른 나무가지 밑에 앉아 계시는 부처님을 발견하였다.

"부처님. 어찌하여 이 마른 나뭇가지 밑에 앉아 계십니까?"

"내 친족의 그늘은 그래도 바깥사람들 보다 났다."

이 말을 들은 유리왕은

"부처님께서 친족들을 생각하고 있구나."

하고, 군대를 돌이켰다.

그런데 호고 범지가 또 말했다.

"잊어버리셨습니까. 석가족에 대한 보복을!"

이 말을 듣고 두 번째 출정하다가,

"친족들의 그늘은 시원하여라.
석가족이 부처를 내었다네.
저들이 모두 내 가지와 잎이니
그러므로 이런 나무 밑에 있다네."

노래하는 소리를 들었다. 그때 대목건련이 와서 말했다.

"제가 신통력으로 저 4군을 다른 세계에 던져 버릴까요?"

"네가 어찌 전생의 업연을 없앨 수 있다는 말이냐. 비록 저 허공을 땅으로 만들고 또 이 땅을 허공으로 만든다 해도, 과거의 인연에 묶인 그 업연은 영원히 썩지 않는다."

급기야 유리왕은 가비라월국으로 가서 사방 1유순 이내에 모든 석가족을 포위망 속에 집어넣고 그물 조이듯 점점 조여 나갔다. 마하남이 말했다.

"대왕이시여, 내가 저 물 속에 들어가 죽는 순간, 도망친 석가족들을 죽이지 말고 살려주소서."

"비록 나의 원수지만 외할아버지가 되는데 어찌 그 말까지 들어주지 않을 수 있겠느냐."

하고 허락하였다. 이에 물 속에 들어간 마하남이 시간이 많이 흘러도 떠오르지 않자, 잠수부를 시켜 들어가 보니 물 속의 나무뿌리에 자신의 머리를 꼭꼭 묶어 위로 떠오르지 않게 하고 죽어 있었다.

유리왕은 남녀노소를 가리지 않고 활로 쏘고 창으로 찌르고 낫으로 베어 자그만치 9,990명을 죽이고 철수했다. 본국에 돌아온 유리왕은 자기에게 협조하지 않은 친형 기타 태자를 죽이고 이튿날 복수한 군인들을 위해 아지라 강가에서 연회를 베풀었는데, 그날 저녁 소낙비가 내려 한 사람도 구하지 못하고 다함께 물에 빠져 죽었다.

부처님은 고향에 돌아가 살아있는 석가족들을 위안하고, 옛 이야기를 들려주셨다.

마하가섭과 사리풋다

어느 때 존자 마하가섭과 사리풋다가 바라나시 이씨빠따나의 미가다야에 있었다.

존자 사리풋다가 저녁 무렵 홀로 선정에 들었다가 일어나 마하가섭이 있는 곳으로 가서 물었다.

"가섭이시여, 노력을 기울이고 섬세하게 느끼면 올바른 깨달음을 얻고, 열반에 들어 평화를 얻을 수 있습니까?"

"그렇습니다. 이미 생겨난 악은 끊고 아직 생겨나지 않은 악은 생겨나지 않게 노력하지 못하면 불리하게 됩니다. 이미 생겨난 선을 불어나게 하고 생겨나지 않는 선을 생겨나게 하면 유리합니다. 그런데 그것을 거칠게 하지 않고 상세히 세밀하게 하면 반드시 이루어질 수 있습니다."

"어떻게 노력을 기울여야 합니까?"

"이미 생겨난 악을 끊고 새로 생겨난 악은 생겨나지 않게 하고, 이미 생겨난 선은 더욱 불어나게 하고, 아직 생겨나지 않은 선은 생겨나도록 노력하는 것입니다. 이렇게 하면 반드시 스스로 느낌이 있을 것입니다."

"어떻게 느끼게 됩니까?"

"아, 나는 과거의 악과 현재의 악을 끊고 선을 불어나게 하고 새로운 선을 일으켰다고 하는 것을 은근히 느끼게 될 것입니다."

또 사리불이 마하가섭에게 물었다.

"여래께서는 사후에도 존재합니까, 존재하지 않습니까. 아니면 존재하기도 하고 존재하지 않는다고도 말씀하십니까?"

"그런 말씀 하는 것을 듣지 못했습니다. 왜냐하면 그 같은 말씀은 유익함을 수반하지 않고 청정한 삶으로 이끌지 못해 싫어하여 떠나기 위한 것이 아니고 탐욕을 끊기 위한 것이 아니며, 소멸과 적정, 신통을 위한 것이 아니고, 올바른 깨달음이나 열반을 위한 것이 아닌 까닭입니다."

"그러면 세존께서는 무엇에 대하여 주로 말씀하고 계십니까?"

"고통에 관한 문제, 그 고통의 원인에 관한 문제, 고통을 없애고 열반을 증득하는 문제에 대하여 주로 말씀하고 계십니다. 이것이야말로 수행자에게 있어 가장 긴요한 일이 되기 때문입니다."

〈잡아함 32권〉

부처님께서 5비구에게 물었다.

"물질은 나인가?"

"아닙니다."

"그렇다. 물질이 나라면 물질에는 병이 들 수 없고, 이 물질에 대하여 이렇게 저렇게 되라 명령할 수 없다. 감수(受) 지각(想) 형성(行) 의식(識)도 마찬가지다."

"세존이시여, 5온은 무상하고 괴롭고 변화하는 것이기 때문에 나 내것이 없습니다."

"그렇다. 5온은 과거에 속한 것이든지 현재에 속한 것이든지 미래에 속한 것이든지 내외적인 것이나 거칠고 미세한 것이든지 모두가 내가 아니고 내것이 아니니 수행자는 지혜로써 잘 관찰하여야 한다. 만일 수행자가 이를 잘 관찰하여 싫어 떠나는 자라면 그 자가 해탈한 사람이며, 청정을 얻은 사람이고, 윤회에서 영원히 벗어난 사람이 될 것이다."

병든 비구 케마

어느 때 장로 수행자들이 갠지스강과 야

무나강 사이에 있는 꼬쌈비 고씨딱승원(美音精舍)에 있을 때, 바다리까승원(고씨다 승원에서 약 3마일 떨어져 있음)에 있는 케마가 병들어 괴로워하고 있었다.

그때 장로 수행승들이 저녁 무렵 명상에서 일어나 존자 닷사까에게 말했다.

"네가 케마에게 가서 문안하고 오너라."

"예. 그렇게 하겠습니다."

하고 닷싸까는 케마에게 가서 문안하였다.

"벗이여, 견디어 참아낼 수 있습니까. 고통은 더하지나 않습니까?"

"참으로 참고 견딜 수 없으며, 날로 고통이 불어나 줄어들지 않고 있습니다."

"참으로 안되었습니다. 굳은 마음으로 정진하십시오."

하고 와 그 말을 들은대로 장로 스님들께 하였다.

"다섯 가지 집착된 존재(五蘊)에 대하여 한 번 물었어야 하는 것인데!"

그래서 닷싸까는 다시 가서 물었다.

"벗이여, 그대는 물질·감수·지각·형성·의식의 다발에 대해 어떻게 생각합니까?"

"세존께서 그것은 나 내것이 아니라고 말씀하셨습니다."

"오, 그렇다면 그것만으로도 모든 번뇌는 다 부순 것이라고 장로들은 말했습니다."

"그래요. 그러면 내가 지팡이에 의지해 장로 스님들이 계신 곳을 가 보겠습니다."

하고 함께 가서 말했다.

"장로 스님들이시여, 저는 5온이 내가 아니고 내것도 아닌 줄 아나 내가 곧 그 5온 속에 있다고 생각하는데 어떻습니까?"

"그것은 아직 나라는 의식, 즉 자만과 욕망 잠재의식을 마저 끊지 못한 것입니다. 모든 것은 생멸하고 있다는 것을 관찰해야 합니다. 그렇게 되면 나라는 잠재의식까지도 소멸될 것입니다. 마치 찌든 옷을 세탁소에 맡겼지만 소금물 잿물 쇠똥냄새가 나는 것을 주인이 향수가 들어있는 농속에 넣어 마저 그 냄새를 제거하는 것과 같습니다."

"감사합니다 장로님들이시여. 세존의 가르침을 이렇게 상세히 설명해주시고 가르쳐 깨닫게 분석해주시니"

이렇게 60명의 장로들과 문답하는 사이 케마의 병은 말끔히 가셔 온갖 번뇌에서 해탈하게 되었다.

〈장아함경 제5권〉

여몽환포영(如夢幻泡影)

부처님께서 아욧자의 강가강 둑에 계실 때 수행승들에게 말했다.

"예를 들어 갠지스강이 커다란 포말을 일

으킨다고 하자. 눈 있는 자가 이것을 보고 깊이 관찰 이치에 맞게 탐구해 본다면 비어 공허함으로써 실체가 없는 것을 발견할 것이다. 마찬가지로 물질이든 3세 내외 승렬 원근이든 무엇을 보던지 수행자는 마땅히 깊이 관찰하여 이치에 맞게 탐구하여야 한다. 가을에 떨어지는 굵은 빗방울이나, 늦여름 대낮의 아지랑이, 굳고 강한 나무, 환술사들이 보여주는 환술을 관찰하는 것처럼 수행자들은 감수작용 상상작용 의지작용 분별작용에 관한 모든 것들도 그렇게 관찰해야 한다."

하고 노래 불렀다.

물질은 포말, 의식은 수포,
지각은 아지랑이, 형성은 파초,
의식은 환술,
태양의 후예가 이렇게 가르치셨네.

목숨에 온기와 의식, 그리고 몸 버려지면
의도없이 남의 먹이가 되어버리는 자여,
환상속에 쓰러지는 갈대처럼
실체가 없구나.

수행자들이 이렇게 모든 것을 보고 알고 부지런히 정진하면 모든 결박에서 벗어나 자기자신을 피난처로 하리라.

〈잡아함경 10권〉

깊이 생각해 보아야 할 다섯 가지

존자 사리불과 마하구치라가 녹야원에 있을 때 마하구치라가 사리불에게 물었다.

"계행을 갖춘 수행자는 어떠한 가르침을 이치에 맞게 숙고해야 합니까?"

"무상하고 괴로운 것, 병드는 것이므로 종기와 같고 환상과 같고, 불쌍한 것 결국 부셔져 허무한 것이므로 자기가 아니라고 숙고해야 합니다."

"다섯 가지란 무엇입니까?"

"집착된 물질의 다발, 감수의 다발, 지각의 다발, 형성의 다발, 의식의 다발입니다. 누구나 이 다섯 개의 다발을 깊이있게 숙고하면 진리의 흐름에 들어가게 됩니다. 단지 그 숙고의 정도를 따라 어떤 사람은 한 번 돌아오고(사다함), 다시 돌아오지 않고(아나함), 생사에서 벗어나게 됩니다(아라한)."

〈잡아함 10권〉

무명(無明)의 정체

"사리불이여, 무명, 무명이라고 하는데, 무명은 어떤 것이고, 무명에 빠진 자는 어찌 됩니까?"

"세상에 배우지 못한 범부는 물질이 생겨나면 물질이 생겨나는 것이라 알지 못하고, 소멸하면 소멸하는 것을 몰라 그 물질에 속고 어리석은 생각을 가집니다. 감수작용과 지각작용, 형성작용, 의식작용에 있어서도 마찬가지입니다. 그래서 없는 신을 만들어 내고, 신속에서 5온이 작용하고 있는 것으로 착각하나니, 이것이 무명입니다."

"그러면 명지(明智)라는 것은 어떤 것입니까?"

"무명의 반대가 되는 것이니 5온이 피차 인연이 되어 갈대처럼 서 있다가 하나가 무너지면 차례로 무너지는 것을 알아 거기 집착된 생각을 갖지 않는 것입니다. 그러므로 수행자는 명·무명에 대한 것을 자세히 관찰하고 그의 유족과 위험에 빠지지 말아야 할 것입니다."

〈잡아함 10권〉

삔돌라 존자와 우데나왕

삔돌라바라드와자 존자는 꼬쌈비 꼬씨따 승원에 있었다. 우데나 왕이 삔돌라 존자가 있는 곳에 와서 말했다.

"비라드와자여, 그대는 아직 어리고 머리카락이 검고, 행복한 청춘을 부여받았으나 꽃다운 시절에 쾌락을 즐기지 못하고 목숨이 다할 때까지 충만하고 깨끗한 청정한 삶을 살면서 시간을 보내야 하는 원인이 무엇인가?"

"대왕이시여, 확실히 모든 것을 보고 아는 바르고 원만한 깨달음을 얻으신 세존께서는 여인에 대해서 다음과 같이 말씀하시고 계십니다.

'나이 많은 사람은 어머니, 조금 많은 사람은 누나, 조금 작은 사람은 동생, 더 작은 사람은 딸과 같이 생각하라.'

이러한 조건 때문에 우리들은 젊음을 수행속에 파묻고 있습니다."

"비라드와자여, 마음이 동요하면 때때로 어머니 같은 여인에게 탐욕을 일으키고, 자매 딸 같은 여인에게도 탐욕을 일으킬 수 있노라."

"세존께서는 머리카락부터 발바닥까지 온갖 부정물이 꽉 차 있다고 하셨습니다. 머리카락 몸털 손발톱 이빨 피부 근육 신경 뼈 골수 심장 간 늑막 비장 폐 대장 소장 위 똥 뇌수 담즙 가래 고름 피 땀 지방 눈물 임파액 침 점액 관절액 오줌 등이 꽉 차 있다고 했습니다. 어찌 이것에 연연하여 젊은 청춘을 그냥 보내서야 되겠습니까?"

"몸을 닦고 계행을 닦고 마음을 닦아 지혜를 얻는다는 것은 쉬운 일인가. 나는 때때로 부정하다고 생각하면서도 청정하다고 생각하노라. 단지 청춘이 아까워서 그런 말을 하는 것이다."

"부처님께서는 '감각의 문을 수호하라. 형상을 보고 그 특징을 취하지 말고 그 속성을 취하지 말라. 사람을 수호하며 탐욕과 우울, 죄악, 건강하지 못한 법들을 공격하라. 시각을 보호해서 그 능력을 수호하고, 소리를 듣고 소리에 휘말리지 않고, 냄새를 맡고 후각을 보호하고, 미각을 따라 탐욕하지 말라. 그리고 촉각과 정신능력을 따라 건강치 못한 법들을 따라가지 말라' 하였습니다."

"참으로 놀랄 일입니다. 예전에는 없었던 일입니다. 젊은 수행자들이 그렇게까지 깊은 생각으로 도를 닦아가는 줄 몰랐습니다. 나 역시 신체를 수호하지 않고 언어와 정신을 수호하지 않아 마음 새김을 수립하지 않고 감각 능력을 제어하지 않고, 후궁에 들면 탐욕이 나지 않기도 합니다. 당신은 넘어진 것을 일으켜 세우고 가려진 것을 열어 보이고, 어리석은 자에게 길을 가르쳐주어 눈이 있는 자에게 보게 하고, 귀가 있는 자에게 듣게 하여, 어두운 곳에 밝은 빛이 되고 있습니다. 그러므로 이제 나도 삼보께 귀의하여 목숨이 다할 때까지 불법을 수호하겠습니다." 〈잡아함 43권〉

해탈의 법칙

존자 사리풋다와 마하 꼿티까는 바라나시에 있는 미가다야에 있었다. 마하 꼿티까가 사리풋다에게 말했다.

"어떻게 시각이 형상에 묶이고, 형상이 시각에 묶여 있습니까. 청각 후각 미각 촉각에 대해서도 말씀해 주십시오."

"꼿티까여, 시각은 형상에 묶이지 않고, 형상은 시각에 묶인 것이 아닙니다. 양자가 조건으로 생겨나 욕망과 탐욕에 묶여 있습니다. 청각과 소리, 후각과 냄새, 미각과 맛, 촉각과 감촉, 정신과 물질도 마찬가지입니다."

"흑백 두 소가 서로 묶여 있다면 두 소가 서로 묶여 있다고 말하면 됩니까?"

"두 소가 서로 묶여 있지 않습니다. 단지 밧줄이 멍에게 얽혀 있을 뿐입니다. 그러므로 올바른 괴로움을 소멸시키기 위한 청정한 삶을 시설할 수 있습니다. 사실 세존께서도 시각이 있어서 시각으로 형상을 보지만 세존께서는 욕망과 탐욕이 없으므로 마음이 잘 해탈되어 있는 것입니다. 수·상·행·식에 있어서도 마찬가지입니다."

아난과 까마부도 거기 있다가 이 말씀을 듣고 깨달았다. 존자 우다이가 아난존자에게 물었습니다.

"부처님께서 몸에 관해 여러 가지로 설명하여 가르치고 정의하였는데 5온이 실체가 없다는 것을 저는 잘 이해하지 못하고 있습니다."

하니 아난 존자가 앞의 시각과 청각의 예를 들어 설명하였다.

"이 몸은 실체가 없을 뿐아니라 의식도 실체가 없다고."

〈잡아함 21권〉

뗏목의 철학

부처님께서 갠지스강 언덕에 계시다가 커다란 나무 덩어리가 흘러가는 것을 보고 수행승들에게 말했다.

"이 언덕에도 도달하지 않고, 저 언덕에도 도달하지 않고, 중간 흐름에도 가라앉지 않고, 땅 위로도 올라가지 않고, 사람들에게 탈취되고, 귀인들에게 끄달리지 않으며, 소용돌이에 말려들지 않고, 내부가 썩어 없어지지 않는 한 저 나무 덩어리는 반드시 바다로 향하고 바다로 나아갈 것이다. 마찬가지로 수행자가 올바른 견해에 들면 열반을 향해 나아가고 반드시 열반에 들리라."

"이 언덕은 어떤 것이며, 저 언덕은 어떤 것입니까?"

"이 언덕은 6근이고, 저 언덕은 6경이며, 중간은 6식에 의한 환락과 탐욕이다. 땅 위로 올라가는 것은 교만이고, 탈취되는 것은 세속과 어울려 희·로·애·락을 맛보는 것이다."

"천 신에 끄달린다고 하는 것은 무슨 뜻입니까?"

"인천의 복락을 탐하여 천당이나 인간에 태어나기를 희망하는 것이고, 귀신에 끄달린다고 하는 것은 남몰래 이상한 짓 하기를 좋아하는 것이다. 내부가 썩는 것은 계행을 지키지 않고 악행을 하는 것이고, 자신의 행위를 은폐하여 부패 부정하게 된 것이다."

목우자 난다는 이 말씀을 듣고

"세존이시여, 저도 이 언덕에 이르지도 않고, 저 언덕에 이르지도 않고, 중류에도 가라앉지 않고, 땅 위로도 올라가지 않고, 사람들에게 탈취되지도 않고, 귀신 천신의 소용돌이에 말려들지 않고, 속도 썩지 않게 하겠습니다."

하여 구족계를 받고 출가하였다. 존자 킴빌라도 이 법문을 듣고 깨달았다.

〈잡아함경 43권〉

나행범지와의 대화

부처님께서 위야국 금반 녹야림에 계실 때 나형범지 가섭이 부처님께 물었다.

"저는 부처님께서 제사법을 꾸짖고 고행자들을 더러운 사람들이라 욕한다는 말을 들었습니다. 사실입니까?"

"사실이 다 그런 것은 아니다. 고행자 가운데서도 지옥에 떨어지는 것을 보고 천당에 태어난 자도 보고, 나는 사실대로 모든 것을 다 보고 있다. 같은 의식을 행하는 사람 가운데서도 마음이 물들어 고행하는 자가 있고, 맑고 깨끗한 마음으로 의식을 실천하여 천당에 태어나게 된 사람도 있다. 나는 다만 때를 알아 말하고, 진실을 말하고, 이치대로 말하고, 법대로 말하고, 올바로 말하는 사람일뿐 다른 생각은 갖지 않는다. 비구는 마땅히 염각의(念覺意)을 닦을 때 지식(止息)과 무욕(無慾) 출요(出要)를 의지하여 법(法) 정진(進) 희(喜) 사(捨)를 닦을 때 도의 자취가(道迹)된다고 하느니라."

"비구가 만일 이러한 이치를 스스로 보고 알고 닦는다면, 옷을 벗어 손으로 제 몸을 가리지 않고, 밤에 주는 음식을 받지 않고, 두 사람 사이에 있는 음식이나 두 칼 중간, 말뚝사이 음식을 받지 않고, 함께 먹는 집의 음식이나, 아이밴 집의 음식, 개가 문앞에 있는 음식, 파리가 날리는 집의 음식, 초청음식, 먼저 아는척 하고 주는 음식을 받지 않고, 생선과 고기, 술을 받지 않고, 두 그릇으로 받지 않고, 음식을 한 번 받아 한 번에 먹되 일곱번에서 그치게 되고, 남이 보태주는 음식을 받되 일곱 집을 넘지 않고 혹은 하루에 한 때만 먹고, 2일 3일 4일 7일에 한 끼만 먹거나 참깨 쭉정이 쇠똥 사슴똥 나무뿌리 가지 잎 꽃 열매만 먹고, 혹은 저절로 떨어진 과일만을 먹고, 옷은 잔디옷 나무껍질옷 풀 사슴가죽을 입고, 혹은 머리를 기르

다양한 수행법을 가지고 있는 고대 인도의 수행자들

기도 하고, 떨어진 것을 몸에 두르기도 하며, 혹은 무덤에 버려진 옷을 입기도 하고, 혹은 항상 손을 들고 있고, 자리에 앉지 않기도 하며, 항상 쭈그리고 앉기도 하고, 머리를 깎고 수염을 기르는 자도 있고, 가시덤불 위에 눕기도 하고, 열매나 씨앗 위에 눕는 자도 있고, 혹은 알몸으로 쇠똥 위에 눕는 자도 있고, 혹은 하루에 세 번 목욕하기도 하고, 하룻밤에 세 번 목욕하기도 하여 무수한 고통으로 그 몸을 괴롭힌다면, 이러한 것을 나는 더러운 고행이다 하는데, 이로 인해 혹 사문의 이름을 얻기도 하고 바라문이 되기도 하나 이는 진짜 사문 바라문이 아니기 때문입니다."

"가섭이여, 옷을 벗는 것은 무욕의 방편인데 괜히 몸을 괴롭혀 계를 구족하지 못하고, 견해를 바르게 갖지 못함으로써 널리 펼만한 것이 되지 못하기 때문이다."

"어떤 것이 계의 구족이며, 견의 구족이고, 고행을 뛰어넘는 미묘한 행입니까?"

"4선을 닦으면 계가 구족하게 되고, 견해가 구족하게 된다."

"어떤 사람이 사문이고 바라문입니까?"

"삼매(三昧)를 통해서 삼명(三明)을 얻는 것이다."

"진실로 얻기 어렵고 행하기 어렵습니다."

"세상사람들도 함께 하는 자가 있는데 모슨 소리를 하고 있느냐. 용맹하고 두려움 없이 사자처럼 나아가면 되느니라."

"저 같은 사람도 될 수 있겠습니까?"

"석달 동안 함께 머물러 관찰하고 연습하면 반드시 그렇게 될 수 있으리라."

이렇게 하여 가섭은 석달 동안 대중을 따라 다니면서 수행한 뒤 스스로 사문이 되어 해탈을 얻게 되었다.

〈장아함경 나형범지경〉

부처님의 꿈

부처님께서 지제수를 유행하실 때 수저림에 계시면서 비구 스님들께 말씀하셨다.

"나는 성불하기 전 '내 몸에서 빛을 내어 그 광명으로 모든 형색을 보고, 또 저들 하늘들과 함께 모여 서로 문안하고 논설 대답하고, 그들의 성과 이름, 살아가는 방법을 알고, 그들이 먹고, 입고, 노는 고락상과, 그들의 수명의 장단을 알고 싶어 하였다. 또 그들은 무슨 업에 종사하여 목숨이 마친 뒤에는 어느 곳에 태어나 무엇을 하는가' 꼭 알아내고 싶었다. 그래서 멀리 떠나 혼자 살면서 마음에 방일함이 없이 수행하고 정근하여 마침내 이것들을 훤히 보고 알 수 있게 되었다. 누구나 이 여덟 가지 행을 닦아 익힌다면 위없이 바르고 참된 깨달음을 얻어 천·마·범·사문의 일을 알고 뒤바뀐 생각을 버리고, 여러 가지 해탈을 얻을 것이다."

그때 존자 아나율다가 같은 숲속에 있으면서 생각하였다.

"도는 욕심 없고 만족할 줄 아는데서 생겨나고, 멀리 여의어 정진함으로써 안정된 마음을 얻는데서 생겨난다. 하루 빨리 어리석음을 여의고 해탈을 얻어야겠다."

부처님께서 여기상정(如其像定)에 들어 아나율다의 생각을 아시고 크게 칭찬하였다.

"훌륭하다 아나율다여. 너의 생각은 여덟가지 대인의 생각이다. 누구나 그 마음을 깨달으면 비록 분소의를 입고 행걸을 하고, 풀자리에 앉아 있더라도 호화찬란한 임금님의 궁전에서 금기나곡(錦綺羅穀)을 수용하는 것처럼 행복하리라."

이에 존자 아나율다는 아라한과를 증득하고 다음과 같은 게송을 읊었다.

멀리서 나의 생각을 아신
위없는 세간의 스승께서
나의 생각 따라 희론을 멀리 하셨네.
그분으로 인해 바른 법을 알고
거기 즐거이 머물러
삼매를 체득 할 일을 이미 다 마쳤네.

나는 죽음도 즐겨하지 않고
사는 것도 원하지 않네.
때에 따라 가는 길 바른 생각 지혜 세웠네.

베살리 대숲 내 목숨 마칠 그 자리
나는 그곳에서 남음없는 열반에 들리
〈중아함, 팔념경〉

정부동(淨不動)의 세계

부처님께서 검마슬담읍에 계실 때 비구스님들께 말씀하셨다.

"욕심과 색은 무상한 것, 허황하고 거짓된 것, 허깨비 속임수이고 어리석음이다. 3세의 욕색에 대하여 이렇게 생각하여 악마의 미끼에 걸리지 않는 사람은 악·불선·탐욕·성냄·투쟁 따위가 생기지 않아 공부에 장애가 없다. 이렇게 생각하고 관찰하면 첫 번째 부동도(不動道)에 든다.

왜냐하면 4대로 이루어진 이 몸은 변해가 괴로운 것이며 소멸되는 것이다. 이렇게 행하고 배우고 닦아 익혀 널리 펴는 사람은 곧 그 마음자리가 깨끗해지고 지혜로써 해탈하게 된다. 그래서 죽은 뒤에도 뒷날 몸이 무너지고 목숨이 끝난 뒤 청정부동지에 이르게 되는데 이것이 제2, 제3의 부동도다.

따라 소유한 바가 없는 곳(無所有處想)에 이르면 첫 번째 무소유처를 얻을 것이고, 세상도 공하고 신도 공하고 신의 소유도 유상유한 장로도 공하고, 그러나 그 공한 것은 바뀌지 않는다고 생각하면 제2 무소유처에 들게 된다. 그리고 목숨이 끝난 뒤에도 그 마음에 변동이 없으면 제3 무소유처정에 들고, 아무생각도 없는 무상정(無想定)에 들면 무상도에 이르게 되는 것이다."

옆에서 불자를 들고 부처님을 시봉하고 섰던 아난이 물었다.

"나 내것도 없고 3세를 평등하게 가지는 자가 있다면 반열반에 들 수 있겠습니까?"

"얻는 자도 없고 얻지 못한 자도 없나니, 평등을 좋아하여 평등심을 버리지 못하면 열반에 들어도 열반을 얻지 못한다."

"수·취(受·取) 자는 어떻습니까?"

"마찬가지다. 취하는 마음이 있으면 열반에 들지 못한다. 생각이 있기도 하고 생각이 없기도 하는 유상무상에 든다."

"지금까지 말씀하신 청정부동도와 청정무소유처도·청정무상도·무여열반 가운데 어떤 것이 가장 거룩한 해탈입니까?"

"모든 존재는 그대로 해탈법에서 무여열반임을 알면 그것이 감로이고, 범행이고, 해탈이니 일체를 사랑하고 어여삐 여기고 기쁜마음으로 평등하게 보살피라."

내외부동(內外不動)

욱가라 장자가 항하수 언덕에서 말했다.

"세존이시여, 저에게 간략히 설법해주시

면 법을 듣고 멀리 떠나 혼자 살면서 마음에 방일함이 없이 수행 정진하겠습니다."

"비구여, 마음을 머무르게 하여 안에 있어도 움직이지 않고, 한량없는 선을 닦고, 다시 안 몸을 관찰 바른생각 지혜를 세우고, 자신의 마음을 다스려 간탐을 여의게 하고, 마음의 걱정과 슬픔을 없애게 하라.

또 바깥 몸을 관찰하되 역시 거기서도 간탐과 슬픔이 없게 하라. 이렇게 선정을 갈 때나 올 때나 섯을 때나 앉았을 때나, 누웠을 때나 잠잘 때나, 깨어 있을 때나 항상 닦아 익히면 유각유관정(有覺有觀定)과 무각소관정(無覺所觀定) 무각무관정(無覺無觀定)을 닦아 기쁨이 함께 하는 선정을 닦고, 다음에는 안팎의 감각을 닦고 관찰하여 감각 그대로를 관찰, 바른 생각과 지혜를 세워 간탐과 걱정 근심이 없게 한다.

또 유각유관정과 무각소관정을 통해 안팎의 선정과 즐거움을 함께 평정하고, 4위의 가운데 항상 닦고 안팎의 법에 대해서도 그렇게 하여 동서 4방 4유 상하에 두루하여 마음에 사랑의 맺힘이 없고, 원함이 없고, 성냄도 다툼도 없이 되어 한량없는 선이 온 세계에 꽉 차게 되면 자·비·희·사를 성취하게 될 것이니, 이것이 수다원과이고 사다함과이며, 아나함과이고 아라한과다."

〈증아함경, 욱가라장자경〉

잠을 이기는 방법

부처님께서 녹야원에 계실 때 여기상정(如其像定)에 들어보니 마가다국 선지식촌에 있는 대목건련이 깊이 잠에 빠져 있는 것을 아시고 즉시 나아가 말했다.

"대목건련아, 너는 잠에 빠졌구나. 너는 잠에 빠졌어."

"예. 그렇게 되었습니다."

"그렇게 하려면 수행하지도 말고 널리 펼려고도 하지 말라. 그래도 정신이 들지 않는다면 지난날 들었던 법문을 생각하고 널리 펴고 외우고 남을 위해 설법하라. 그래도 안 되면 두 손으로 귀를 문지르고 찬물로 얼굴과 눈을 씻고 온몸에 부어라. 방에서 잘 되지 않으면 방 밖으로 나가 4방을 둘러보고 별들을 우러러 보라. 그리고 천천히 길을 걸으면서 감각기관을 수호하고 마음을 가볍게 하여 앞뒤의 일을 생각해 보라.

다시 길가에 니사단을 펴고 가부좌를 맺고 앉았다가 그래도 되지 않거든 방에 들어가 울다라승을 네 겹으로 하여 평상위에 펴고 승가리를 개어 베개를 만들고 오른쪽 옆구리를 땅에 붙이고 누워 발과 발을 포개고 마음으로 광명상을 지어 바른 생각과 지혜로써 언제나 일어나려는 생각을 하라.

그리고 잠자리의 즐거움과 잠자고 눕는

것이 편안하고 유쾌하다는 생각을 하지 말라. 왜냐하면 일체법은 함께 모이지 않아야 하고, 함께 모여야 한다고 말하나니, 도법과 세 법을 함께 어울리면 안된다. 왜냐하면 말이 많고 시끄러우며 마음을 쉬지 못한다. 쉬지 못하면, 안정을 잃기 때문이다. 어울려야 할 곳은 고적한 산림, 나무밑, 높은 바위, 돌집, 아무리 소리 없고 멀리 떠나 있는 곳, 이런 곳은 악이 없기 때문에 편안하다.

탁발할 때는 이익되는 법을 싫어하고, 공양과 공경받기를 싫어하라. 가능하면 앉아받지 말고, 걸식하되 높고 큰 체 하지 말라. 큰 집이나 작은 집이나 신경 쓰지 말고 시끄럽고 고요한 곳에 마음을 쓰지 말라.

설법할 때는 말다툼이 될 말을 쓰지 말라. 다툼이 있으면 말이 많게 되고 말이 많으면 시끄러움이 생기고, 시끄러움이 생기면 마음이 쉬지 못하며, 마음이 쉬지 못하면 안정하지 못한다.

설법할 때는 너무 과격하게 하여 사자처럼 하지 말라. 마음을 낮추어 설법하되 힘을 빼고 사랑스럽게 조심스럽게 하라."

"세존이시여, 감사합니다. 저의 어두운 마음을 벗겨주시니 진실로 감사합니다. 비구가 구경에 이르러 깨끗한 행을 완성하려면 어떻게 해야 합니까?"

"고·락·불고불락을 깨닫고 무상을 관찰하라. 그리하면 저절로 욕심이 끊어져 세

인도인들은 대화속에서 진리를 캔다. 외도들이 앉아 대화를 나누고 있다.

상에 끄달리지 않는 사람이 될 것이다."

〈중아함경, 장로수면경〉

네 종류의 사람

부처님께서 녹야원에 계실 때 장로 사리불이 여러 비구들에게 말했다.

"세상에는 네 종류의 사람이 있다.

첫째, 안에 더러움이 있지만 스스로 알지 못하는 자이고,

둘째, 안의 더러움이 있는 것을 아는 사람이며,

셋째, 안에 더러움이 없는 것을 아는 자이고,

넷째, 안에 더러움이 없는 것을 알고 안에 더러움이 없다는 것을 알아 참 모양까지도 아는 자다.

첫 번째 사람은 가장 하천한 자이고, 두 번째는 보통사람이며, 세 번째는 제법 뛰어난 사람이고, 네 번째는 아주 뛰어난 사람이다. 왜냐하면 더러움을 모르는 사람은 모르기 때문에 끊을 생각도 하지 못하므로 하천하고, 보통 사람은 더러움을 앎으로 더럽지 않는 마음을 일으키므로 천한 자 보다는 났다.

그러나 이는 눈과 귀로 들은 법을 단속하지 않기 때문에 욕심이 묶이게 되어 더러운 마음이 있으므로 제법 뛰어나기는 하지만 완전하지는 못한 것이다. 그런데 네 번째 사람은 다시는 욕심에 묶이지 않게 되므로 뛰어난 사람이라고 하는 것이다.

마치 이것은 유기그릇을 사서 한 평생 동안 씻지도 않고 닦지 않는 사람은 첫째 사람과 같고, 자주 씻는 사람은 둘째 사람과 같고, 햇볕에 말려 쓸 줄 아는 사람은 세 번째 사람이 되고, 유기그릇의 안팎을 훤히 빛나게 하는 사람은 네 번째 사람이다."

어떤 스님이 물었다.

"어떤 것이 더러움입니까?"

"마음에 욕심이 있는 자다. 자신의 범죄를 이미 알고 있으면서도 남에게 알리지 않고 숨기는 자, 남은 이미 알고 있는데 자기는 끝까지 숨기려 하므로 욕심이 있어 착하지 못한 것이다. 이렇게 불자가 안팎이 다르게 하면 이것이 더러운 것이다. 자리다툼을 하고 물품을 먼저 받고, 먼저 밥을 받고, 먼저 먹고, 설법하고, 자기는 거사들과 이야기 하면서도 남이 하려하면 꾸짖고 국왕 대신이나 권력있는 사람과 어울려 난척하고 자신은 4부 대중에게 존경을 받되 남이 존경을 받지 못하게 하는 자이다. 음식 의복 와구 탕약도 마찬가지다.

그러니 그런 사람을 가까이 하지 말고, 공경하고 예로써 섬기지 말아야 한다. 왜냐하면 이런 사람과 상대하면 세월만 보냈지 이익될 것이 없고, 옳음도 없고, 요익도 안

온도 즐거움도 있지 않아 고통과 걱정 슬픔이 생기기 때문이다."

그때 목건련이 칭찬하였다.

"존자 사리불께서는 진실로 특출난 분이십니다. 항상 모든 범행자들을 위하여 선하지 않은 곳을 떠나 선한 곳에 편안히 머물게 하시기 때문입니다."

〈중아함경, 예품〉

모든 것은 씨가 있다

부처님께서 구루수를 여행하시다가 검마슬담읍에 계실 때 존자 아난이 이런 생각을 하였다.

"연기는 매우 기이하고 깊어 이해하기 어렵다. 그러나 내 알고 보니 낮고 낮다."

부처님께서

"그런 소리 하지 말라. 연기는 참답게 알기 어렵고, 보기 어렵고, 깨닫기 어려우며, 통달하기 힘들다. 베틀이 서로 얽매인 것 같고, 넝쿨이 어지럽게 어울려 있는 것같이 부산하게 이 세상 저 세상으로 왔다 갔다 하며 생사를 뛰어넘지 못하고 있기 때문이다."

하시고 12인연을 역순으로 관찰하신 뒤

"아난아 만일 생이 없다면 고기·새·모기·용·신·귀신·하늘 사람, 이런 종자들

기도하는 종교인들

이 애초부터 없을 것 아니냐. 하물며 칼과 몽둥이 싸움 아첨 속임 거짓말 이간질이 있겠느냐. 아끼고 집착하고 사랑하고 욕심내며 싸울 일이 있겠느냐."

"사랑에도 두 가지가 있다고 하던데요?"

"그렇다. 욕애(欲愛)와 유애(有愛)가 그것이다. 이 두 가지 법이 각(覺)의 인이 되고 연이 된다."

"깨달음에도 인연이 있습니까?"

"그렇다. 갱락(更樂)이 그것인데, 갱락 때문에 고 락 사(苦 樂 捨)가 생긴다. 갱락의 연은 명색(名色)이다. 명색의 인연은 곧 식이고, 식은 곧 명색의 인연이다."

"그러면 신(神)이란 무엇입니까?"

"어떤 사람은 각을 신으로 모시기도 하고, 보지 않기도 한다. 각이 있으므로 내 소유를 말하게 된다. 이 신을 아는 사람을 식(識)이라 하나니, 식에는 7식과 2처가 있다.

　욕계천에 있게 되면 제1식주
　초선천(梵天)에 있게 되면 제2식주
　황욱천(晃昱天)에 있게 되면 제3식주
　변정천에 있게 되면 제4식주
　무량공처에 있게 되면 제5식주
　무량식처에 있게 되면 제6식주
　무소유처에 있게 되면 제7식주
　2처는 무상천과 비상비비상처천이다."

사념처(四念處)

부처님께서 검마슬담읍에 계실 때 4념처에 대해서 말씀하셨다.

"과거 모든 부처님께서는 탐·진·치·만·의 5개(蓋)를 끊고, 마음을 세척, 4념처에 머물러 7각지를 닦아 위없는 깨달음을 얻었다.

① 몸은 깨끗지 못한 것이고(身不淨)
② 받는 것은 고통덩어리고(受是苦)
③ 마음은 무상한 것이고(心無常)
④ 법에는 내가 없다(法無我)

누구고 하루로부터 7개월 내지 7년에 이르기까지 지극한 마음으로 이 네 가지의 법을 자재하게 관찰하면 4과를 얻게 된다.

사사문과(四沙門果)

부처님께서 검마슬담에 계실 때 4사문과(수다원·사다함·아나함·아라한)에 대하여 설명하시고,

"이것은 이도의 교에는 없는 것이다."

하였다. 그러면 어떻게 그것을 아는가. 부처님은 부처님께서만 보는 지(知)와 견(見)이 있기 때문이다. 그러면 어떻게 그 지와 견을 얻을 수 있는가. 불 법 승 3보를 믿고

계덕(戒德)을 구족하면 된다.

〈증아함, 사자후경〉

달범행(達梵行)

부처님께서 검마슬담읍에서 말씀하였다.

"그 법은 처음도 묘하고 중간도 묘하고 끝도 묘하여 문채가 있고 뜻도 있으며, 구족 청정하여 범행을 밝게 나타낸다.

루(漏)를 알고 루가 생겨난 원인을 알고, 루의 과보를 알고, 루의 우열 소멸을 다하는 것을 다하여 없어지는 것까지도 알아야 한다.

각(覺)과 상(想), 욕(欲)과 업(業), 고(苦)에 대해서도 마찬가지다."

"어떤 것이 루입니까?"

"루에는 세 가지가 있으니 욕루·유루·무명루이다."

"무엇을 각이라 합니까?"

"여기에도 세 가지가 있으니, 고·락·사(不苦不樂)가 그것이다."

"어떤 것이 상입니까?"

"4상이 있으니 소상·대상·무량상·무소유처상이 그것이다."

"무엇을 욕(欲)이라 합니까?"

"다섯 가지가 있으니 눈·귀·코·혀·몸을 상대해 사랑하고 기뻐하고 아름답고 서로 맞아 즐길만 한 것이다."

"무엇을 업이라 합니까?"

"사업과 사이업이다."

"무엇을 고통이라 합니까?"

"생·노·병·사에 이별·구부득·5음성고이고, 원증회고이다. 그러나 모두 이것은 구하는 것과 습(習)·우열을 통해서 나타나는 것이니, 바로 보고 바른 마음을 잡는 8정도를 통하여 통달해야 할 것이다."

〈증아함경, 달범행경〉

방일(放逸)과 고난(苦難)

부처님께서 발기국 아누파에 계실 때 아난 존자와 함께 갠지스강에 들어가 목욕하시고 말했다.

"제바달다는 방일 때문에 지옥에 떨어져 1겁 이상을 머물게 되어 있다."

"세존께서는 타심지로써 그 마음을 알기 때문입니다."

"마치 화장실에 빠져 온 몸이 똥으로 맥질된 것 같거나, 해가 뜨면 온 세상이 차차 밝아지는 것과 같이, 여래는 타심지로써 남의 마음을 관찰하여 선악업이 성취하게 하느니라."

〈중아함경, 아누파경〉

갠디스강가에서 축제를 기다리고 있는 사람들

종해탈(從解脫)

부처님께서 첨파국을 유행하실 때 갠지스강 못가에서 15일 종해탈을 말씀하시려고 앉아 있었는데 3야가 끝나도록 말씀하지 아니하였다. 한 비구가 말했다.

"초야·중야·후야를 지났습니다."

"대중 가운데 청정하지 못한 자가 있구나."

이때 목건련이 여기삼정에 들어 타심지로써 그를 알고 밖으로 끌어냈다.

그리고 말했다.

"벼논에 피가 뽑혔습니다."

"그렇다. 이것은 보리의 더러움이고 욕이고 미움이며 비방이다. 마땅히 뽑아버려야 한다. 만일 그렇지 못하면 아리수나무처럼 그 머리가 일곱 조각이 나서 죽게 될 것이다."

하고 다음과 같이 게송하였다.

나쁜 욕심 미움 성냄과
말하지 않고 맺음, 원한 아낌과
질투 아첨 속임이 있으면서
대중 가운데 사문에 있으면서
나쁜 견해를 몰래 악을 행하면
이는 거짓된 것이니
사귀지 말고 수호하지 말고 쫓아버려라.

사랑의 꽃들을 물에 띄우고 있는 사람들

목건련의 항마

부처님께서 녹야원에 계실 때 대목건련이 부처님을 위해 선옥(禪屋)을 짓고 한데서 거닐고 있었는데 마왕이 작은 벌레처럼 되어 그의 뱃속으로 들어갔다.

배가 아프자 여기상정에 들어 알고 파순에게 말했다.

"파순아, 나오너라. 여래와 그 제자를 희롱하지 말라. 오래도록 뜻도 없고 요익도 없게 하지 말라. 반드시 나쁜 곳에 태어나 한량없는 고통을 당할 것이다."

마왕은 곧 작은 모양으로 변해 입으로부터 나와 그의 앞에 섰다.

"마군아, 나도 옛날 악이란 마군이 되었었는데, 내 여동생 흑(黑)이 있었다. 그때 너는 그 흑의 아들로 태어난 일이 있다. 또 한 번은 한 부처님 제자에, 음(音)·상(想)이란 제자가 있었는데, 소리와 생각으로 수행자들을 괴롭히다가 마침내 그 음성과 생각을 깨달아 부처님의 제자가 되었는데, 너와 내가 바로 그이이다."

파순은 이 말을 듣고 가슴이 두근거리고 두렵고 놀라워 몸에 털이 곤두섰다. 그래서 노래 불렀다.

어찌하여 지옥에는
예부터 악마가 머무는가.
부처님의 범행을 희롱하고
방해하였기 때문이다.
내 이제 목련존자의 신통을 보고
지혜없음을 두려워하노라.

〈중아함, 항마경〉

뇌타화라와 구뢰바왕

부처님께서 구루수를 유행하실 때 비구들과 함께 유로타숲 북쪽 시섭화에 계셨다. 그때 소문을 들은 거사 바라문들이 와서 공양하고 청법하였다. 법문을 들은 뇌타화라가 말했다.

"집에 있으면 쇠사슬에 얽매인 것 같아 죽을 때까지도 범행을 닦을 수 없을 것 같습니다. 저도 부처님처럼 출가하여 범행을 닦고 싶습니다."

"부모님께서 허락하였는가?"

"허락하지 않았습니다."

"그렇다면 구족계를 줄 수 없다."

이 말을 들은 뇌타화라는 즉시 집으로 가서 부모님께 아뢰었으나 부모님께서 들어주지 않았다.

"너는 외동아들로 인물도 좋고 몸이 부드러워 많은 사람을 먹여 살릴 수 있는 능력을 가지고 있는데, 무엇 때문에 출가하려 하는가?"

"범행을 닦아 신통력을 얻고 부처님처럼 많은 중생을 깨우치고자 합니다."

"안된다."

뇌타화라는 아는 사람과 친구, 스승 모든 사람들에게 조언을 구했으나 결코 들어주지 않았다.

"이럴 바에는 몸을 바꾸어 내생에나 자유스럽게 출가하여 도를 닦으리라."

하고 몇일 동안을 굶고 있으니 비로소 부모님께서 허락하셨다.

"차라리 살아서 죽는 것을 보는 것보다는 내 뜻대로 하여 성도하는 것을 보고 싶다."

"예. 꼭 도를 깨치면 부모님을 찾아뵙겠습니다."

과연 그는 9년 내지 10년 만에 도를 깨닫고 부모님과 약속을 지키기 위해 부처님께 사루었다.

"부모님과의 약속을 지키고자 합니다."

"좋다. 뇌타화라여, 제도되지 못한 자를 제도하고, 해탈하지 못한 자를 해탈시키며, 아직 열반에 들지 못한 자를 열반에 들게 하라."

고향으로 돌아가 뇌타화라는 시섭화 동산에서 하룻밤을 자고 걸식하러 나갔다. 순서적으로 지나가다 보니 부모님께서 머리를 다듬고 있다가 말했다.

"까까머리 중은 악마에 속박되어 종성을 단절하고 자식도 없으며, 우리 집마저 파괴하였다. 밥을 주지 말라."

마침 그때 여종이 썩은 밥을 키에 담아 거름 위에 버리려 하자 뇌타화라가 말했다.

"이왕에 버릴 것이면 내 발우속에 버려다오."

종이 보고 가서 부모님께 이야기 하니 쫓아나갔다. 그때 뇌타화라는 벽을 향해 앉아 썩은 음식을 먹고 있었다.

"뇌타화라여, 어찌하여 여기까지 와서 집에 들리지 않았느냐?"

"거사여, 이미 들렸으나 꾸지람만 받아 썩은 밥을 얻어먹고 있습니다."

아버지께서 참회하고 뇌타화라를 데리고 와 마당에 자리를 깔고 음식을 준비했다. 그 사이 어머니께서 아버지에게서 받은 돈 꾸러미를 노적봉처럼 쌓아놓고 말했다.

"뇌타화라 존자여, 이것은 내가 아버지께 받은 재산인데 이제 존자님께 드리오니 도를 버리고 나와 우리와 함께 즐겨봅시다."

"황송한 말씀이오나 이 돈은 새 자루에 담아 갠지스강가로 가지고 가서 가장 깊은 곳에 쏟아버리시옵소서. 왜냐하면 세상사람들은 이것 때문에 잠을 자지 못하고 온갖 고통을 당하고 있기 때문입니다."

어머니께서 옛날 신부들을 꽃같이 단장시켜 앞에 내세워 말하게 하였다.

"저희들보다 더 예쁘고 사랑스런 사람이 있기 때문에 존자께서는 출가하여 도를 닦

신상에 참배하고 있는 신자들

는 것입니까?"

"누이들이여, 마땅히 아소서. 천녀들을 위해 범행 닦는 것이 아니고, 부처님의 가르침을 받아 이미 해탈했기 때문입니다."

하고 부모님께 말했다.

"밥을 주시려거든 때를 맞추어 주십시오."

부모님께서는 급히 물을 돌리고 밥을 돌려 음식을 덕은 뒤 설법하였다. 그리고 신통력으로 하늘을 날아 유로타 숲에 앉았다.

이때 소문을 들은 구뢰바왕이 와서 물었다.

"혹 가문이 쇠락하여 출가하셨습니까. 내 재물과 명예 색 음식 모든 것을 제공할 터이니 돌아오십시오."

"그렇게 말씀하시지 마십시오."

"그러면 어떻게 말해야 합니까?"

"우리 백성들은 안온 쾌락하고, 두려움이 없고, 싸움도 하지 않고, 형벌도 없고, 괴로운 부역도 없으며, 풍족한 곡식을 가지고 있으니 저희 나라로 걸식하러 오십시오. 이렇게 말하면 됩니다."

"뇌타화라여, 진실로 말하노니, 나에게는 쇠(衰)가 있습니다. 병들고 늙고 재물이 쇠하니 친척들도 쇠합니다."

"그렇습니다. 저도 유로타에서 제일가는 가문의 자손입니다. 그러나 이렇게 쇠하는 것을 감당하기 어려워 출가하여 도를 얻은 것입니다. 진실로 이 세상은 보호할 자도 없고 의지해 믿을만한 것도 없습니다."

"나에게는 상·거·마·보군과 굳세고 용맹한 왕자가 있고, 별을 보고 점치는 사람도 있고, 글 잘하는 변론 자도 있고, 임금과 신하 권속이 있고, 주문사가 있어 일체 두려움이 없는데 어찌 의지처가 없다고 하는가?"

"이 세상에서는 누구도 대신 먹어줄 수 없고, 잠을 자줄 수도 없으며, 병들어 줄 수 없고, 대신 죽어줄 수 없습니다. 그러니 어찌 외롭지 않습니까. 그런데도 싫어할 줄 모르고 만족할 줄 모르고 날로 애착은 더해가고 있습니다."

하고 노래 불렀다.

세인들은 재물 두고도 보시할 줄 모르고
재물 얻고도 다시 구해
아끼고 탐내 쌓아두기만 하여
천하를 얻은 임금
그냥 다스리면 되는데
바다 안을 얻고도 바다 밖을 구하네.

임금이고 백성이고
욕심 못 버리고 죽으면
머리털 산발하고 처자권속 곡하나,
아아, 괴로움을 항복받지 못하네.

옷 입혀 땅에 묻거나 화장하면
인연 따라 또 내세가 시작되나니
그런데도 끝낼 생각 없네.

죽고 나면 재물도 따르지 않고,
자식 종 금은보화도 따르잖나니,
이것은 우리와 관계없네.

단지 지혜인 근심없고
우치인 슬픔 안고 가네.
그래서 깨달음 얻어야 하나니
지혜만이 거룩하기 때문이네.

가진 자 집착하여 날로 악을 행하고
법속에 있으면서도 법 아닌 것을
행하여 힘으로 남의 것 강탈하여
지혜 적은 자 남보고 배우고,
어리석은 자는 악 지어
태속에 들어가 끊임없이 나고 죽네.

이 노래를 듣고 구뢰바왕은 존자 뇌타화라를 기쁜 마음으로 받들었다.

〈중아함, 뇌타화라경〉

수한제의 깨달음

부처님께서 바라바 제1 정실에 계시다가 검마슬담음에 들어가 탁발하고 다시 한 숲 속에 들어가 결가부좌하고 앉았다.

이학 수한제가 오후에 천천히 걷다가 제1 정실 옆에 사자처럼 누워있는 사람을 발견하였다. 바라마 범지가 말했다.

"석종의 아들 구담사문이다."

"아, 그 지(地)를 파괴한 사람"

"그런 소리 하지 말라. 저분에게는 무한한 지혜가 있다. 범지의 지혜 거사 사문의 지혜를 다 갖추었다."

이 말씀을 들은 부처님께서 제자리에 돌아와 앉으니 마치 그 모습이 금산과 같았다. 이 광명을 보고 수한제가 옆으로 왔다. 부처님께서 말씀하셨다.

"그대가 나에게 지(知)를 파괴한 쓸모없는 사람이라 하였는가?"

"그렇습니다."

"6근을 제어하지 못하고 함부로 말하는 이는 괴로움의 과보를 받게 된다. 욕심이 있는 자는 고통을 받기 때문이다. 이 세상에서

다메크탑에 조각된 길상 무늬

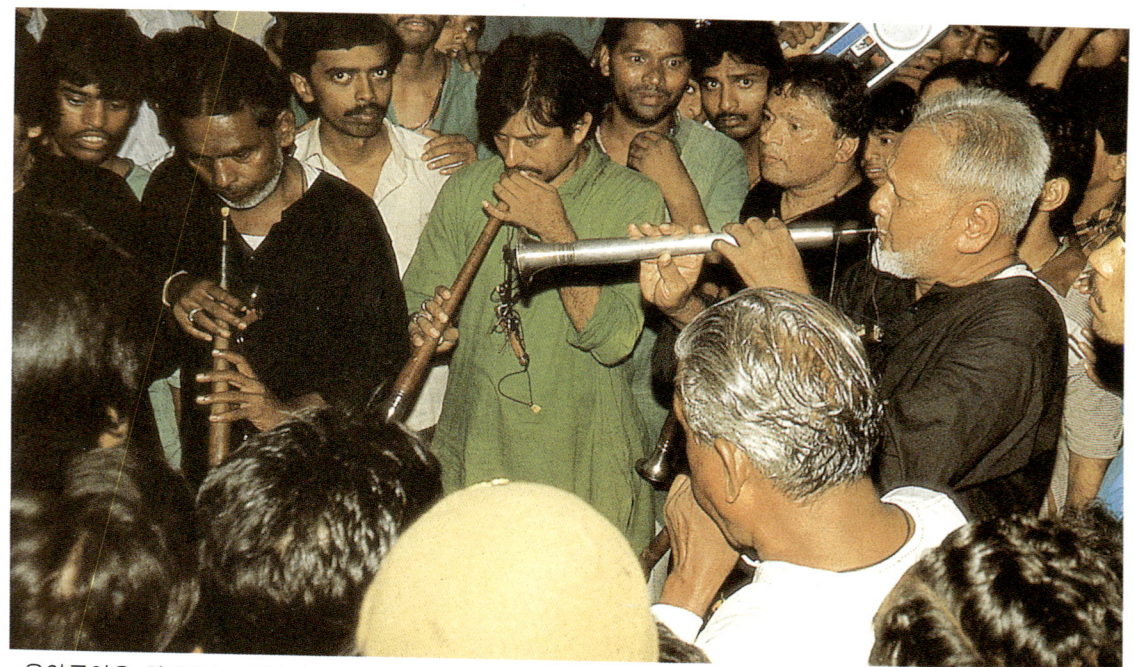
음악공연을 하고있는 사람들

제일가는 이익을 얻는 것은 병이 없는 것이고, 제일가는 즐거움은 열반이다. 그대는 어떤 것을 병없는 것이고 열반이라 생각하는가."

"자신이 곧 병이요, 즐김이 화살이며, 고통이고 공이고 비신(非神)입니다."

"태어나면서부터 장님은 희고 깨끗한 것을 가리지 못한다. 남의 말만 듣고 희고 깨끗한 것을 가리는 것은 장님이 남의 말만 듣고 그렇게 생각하는 것과 같다. 그러니 그대는 선지식을 가까이 섬기면서 설법을 듣고 생각해 나아가라. 그래서 남음없는 열반을 증득한다면 이것이 병없는 길이요 열반인 것을 알리라."

수한제는 이 법문을 듣고 혜안이 열려 그 자리에서 구족계를 받고 불제자가 되었다.

〈증아함경, 수한제경〉

다툼이 없는 세상

부처님께서 검마슬담에서 비구 스님들께 설법하였다.

"탐욕, 그것은 하천한 범부의 일이다. 이치와 서로 걸맞는 고행을 구하라. 그리하면 눈을 이루고 지혜를 이루어 자재선정에 들고 마침내 깨달아 열반을 증득할 것이다. 세상은 칭찬과 헐뜯음, 그 중간 경우도 있나니

재를 결정하면 마음속으로 즐거워하라.

서로 끌어들여 말하지 말고, 면전에서 칭찬하지도 말고, 남의 나라 풍속을 보고 옳다 그르다 따지지 말라.

지극히 칭찬하고, 지극히 범부적인 행, 탐욕을 구하지 않는다면 중도의 길이 열려 자재로운 선정속에 지혜로운 삶을 실천해 갈 것이다.

맺힘이 있으면 괴롭고, 맺힘이 없으면 즐거우나, 원래 도에는 고 낙 두 길이 있다. 그것은 닦아서 얻는 것이 아니라 깨달아 아는 것이다. 이것이 다툼이 없는 법이다."

〈중아함경, 구루수구쟁경〉

어떤 사람은 현재는 즐겁지만 미래에는 괴로운 과보를 받고

어떤 사람은 현재에도 괴롭지만 미래에는 즐거운 과보를 받고

어떤 사람은 현재에도 즐겁고 미래에는 즐거운 과보를 받고

어떤 사람은 현재에도 괴롭고 미래에는 괴로운 과보를 받는다.

첫 번째는 10악을 통해 향락을 하는 자이고
두 번째는 10선을 통해 고행을 하는 자이고
세 번째는 선후없이 선행을 하는 자이고
네 번째는 선후없이 악행을 하는 자이다.

〈증아함경, 수법경〉

인과차별의 이유

부처님께서 검마술담에 계실 때 말씀하셨다.

"이 세상 사람들은 이렇게 탐욕을 부리고 희망하며, 애착하고 소원하며, 이렇게 생각한다 기쁘지 않는 법도 기뻐하게 하고, 기쁜 법만 생기게 해달라고 . 그러나 그것은 그렇게 쉽게 되지 않기 때문에 기쁘지 않는 법이 생긴 것이다.

실로 내 법은 깊어 보기도 어렵고, 깨닫기도 어렵고, 통달하기도 어렵다. 그것은 어리석지 않기 때문이다.

4종설경(四種說經)

부처님께서 검마슬담에서 말씀하셨다.

"비구는 행하고 생각하고 목표한 바를 따라 욕심을 여의고, 악하고 착하지 않는 법을 여의어 각관이 있고, 여의는데서 생기는 기쁨과 즐거움이 있으면 초선을 성취해 노닌다.

초선에도 물러나지 않고 머무르지도 않고, 또한 싫어하지도 않아 위로 올라가면 제2선에 들어가고, 다시 제2선을 받아들이지 않고 그 생각과 목표를 기억하지 아니하며, 오직 욕심 없는 바탕 위에 멸식(滅息)이 서로 응하면 성인의 평정 기억 즐거움에 나아

가 제3선을 성취하게 된다.

다시 제3선의 성취에 만족하지 않고 선정(止觀靜慮)에 몰두하면 제4선을 성취하고, 그 선이 한량없는 공처에까지 이르면 무량공처에 이르게 된다.

또 아는 것이 끝도 갓도 없게 되면 무량식처에 이르고, 아무런 소유심이 없으면 무소유처, 생각이 전혀 없다가도 생각을 일으키면 비상비비상처에 이른다.

이것이 4종 설경이니 먼저는 4선을 말하고, 뒤에는 4정을 말하기 때문이다.

〈중아함경, 4종멸경〉

아름다운 숲

부처님께서 우각 사라림 중에 계실 때 존자 목건련 대가섭 가전연 아나율다 이월다 아난 등이 발기국에서 놀다가 사리불 계신 곳에 나아가니 사리불이 존자들을 위해 설법하였다.

"잘 오셨습니다. 대존자 들이시여. 우각 사라동산은 밝은 달이 있고, 묘한 나무향기가 있습니다. 그 보다도 더 아름다운 동산을 만들려면 어떡해야 할까요?"

아난이 답했다.

"널리 배우고 많이 듣고 잘 지내 잊지 않는 비구들이 있어 처음도 중간도 끝도 묘한 법문을 할 수 있다면 더욱 아름다운 동산이 될 것입니다."

존자 이월다가 말했다.

"편히 앉기를 좋아하고, 마음의 행이 그치고, 좌선을 폐하지 않는 비구들이 관을 성취하면 더욱 아름다워질 것입니다."

현자 아나율다가 말했다.

"천안통 천이통을 성취한 비구들이 1천세계를 비추어 본다면 더욱 아름다울 것입니다."

현자 가전연이 말했다.

"이렇게 아비담을 논하는 비구들이 이 속에 있다면 더욱 아름다울 것입니다."

대가섭이 말했다.

"아무 일 없는 비구들이 일없음을 칭찬, 무욕의 경계에서 만족을 느끼고 살아간다면 이 동산은 더욱 아름다워질 것입니다."

대목건련이 말했다.

"여의족이 있고, 위덕이 자재한 성자들이 신통을 부리고 살면 더욱 아름다워질 것입니다."

하고 "존자의 생각은 어떻습니까?" 물었다.

"언제 어디서나 선정은 자유자재하고 나라가 태평하여 먹을 것 입을 것이 풍족하면 이 숲도 더욱 아름다워질 것입니다."

모든 대중이 부처님께 나아가 이렇게 말씀드리니 부처님께서 크게 칭찬하였다.

〈중아함경, 우각사라림경〉

녹야원에 지어진 일본사찰

화합된 승가상

부처님께서 건기정사에 계실 때 나마제에 가서 걸식하시고 우각사라림중으로 가시니 존자 아나율과 난제 금비라가 있었다.

부처님께서 물었다.

"그대들은 어떻게 지내고 있는가?"

"걸식하고 먼저 돌아온 자가 자리를 펴고 물을 긷고 발 씻는 그릇을 내어 놓으면 발을 올려놓는 등상, 발 닦는 수건, 물병, 대야를 준비해 놓습니다. 빌어 온 밥을 다 먹을 수 있는 사람은 다 먹고, 남으면 그릇에 덮어둡니다. 먹은 뒤에는 바루를 거두고 손발을 씻고 니사단을 어깨에 메고 방에 들어가 고요히 앉습니다.

혹 걸식하고 뒤에 돌아온 자는 빌어 온 밥을 다 먹을 수 있으면 다 먹고, 모자라면 남겨 논 밥을 먹습니다. 그래도 남으면 깨끗한 땅이나 벌레가 없는 물에다 버립니다. 그는 밥그릇을 깨끗이 씻어 닦은 다음 한쪽에 치워두고 자리를 걷고 씻은 발을 얹는 등상을 치우고 발 닦는 수건을 거두고 발 씻는 그릇, 물병, 대야를 챙기고 물을 뿌려 식당을 쓸고 변소를 소제한 뒤 가사와 바루를 챙겨 두고 손발을 씻고 니사단을 어깨에 메고 방에 들어가 편안히 있습니다.

존자들은 해질 무렵, 혹 편안한 자리에서

먼저 일어난 자는 물병이나 대야가 비어 있으면 곧 가지고 가서 물을 긷고 그 물그릇이 힘에 겹지 않으면 그대로 가지고 와서 한쪽에 둡니다. 그러나 만일 그 물그릇이 힘에 겨우면 곧 손으로 한 비구를 불러 들고 와서는 한쪽에 두되 서로 말하지 않고 묻지도 않습니다. 닷새만에 한번씩 모여 서로 법을 말하거나 혹 성스러운 침묵을 지킵니다."

"아, 그래서 동산지기가 내가 오는 것을 보고 꾸짖어 막으면서 들어가지 못하게 하였구나. 혹 그대들에게 부족한 것이 있는가?"

"저희들에겐 좋은 이익이 있고, 공덕이 있습니다. 좋은 범행자들과 함께 공부하고 있기 때문에 부족한 것이 없습니다. 언제나 우리들의 입과 몸과 뜻은 사랑으로 충만해 있습니다."

"훌륭하다. 나의 제자들이여. 서로 화합하고 안온하고 다툼이 없이 젖과 물이 서로 어울린 것같이 살아가고 있으니, 보는 사람도 행복하구나."

여래를 알아볼 수 있는 법

부처님께서 검마슬담에 계실 때 비구들에게 물었다.

"자기 뜻으로 남의 마음을 사실 그대로

일본사찰에 모신 부처님

알지 못하는 자, 그들은 세존이 바로 깨달은 자라는 것을 알지 못한다. 어떻게 하여야 여래를 알아볼 수 있을 것인가?"

"법의 근본이시고 주인이신 세존께서 직접 말씀해 주십시오."

"첫째는 눈으로 색을 보는 방법을 배우고, 둘째는 귀로 소리 듣는 방법을 알아야 한다. 눈에 보이고 귀에 들리는 것이 더럽고 잡되면 그것은 여래의 법이 아니고, 희고 깨끗하면 여래의 법이다.

또 수행자가 명예나 이익을 위해 선에 드는가, 재화를 위해 하는가, 아니면 즐거운 마음으로 두려움 없이 욕심을 여의고 힘이 있는가를 자세히 살펴보면 알 수 있다.

특히 식사 때 밥 먹는 것을 보면 알 수 있나니, 먹고 입는 가운데 불법이 들어 있기 때문이다."

〈중아함경, 구해경〉

일종식(一種食)의 유래

부처님께서 가시국에 계시면서 말씀하셨다.

"나는 하루에 한 끼만 먹는다. 먹은 뒤에는 하는 일도 없고 구함도 없고 몸에 병이 없으며, 가볍고 편안하여 기력이 강령하여 안온 쾌락하다."

아름답게 장식된 신상

가라뢰 시섭화 숲속에 살고 있던 아습패와 불나바수는 옛날 지주 사주 종주로 있던 습관이 있어서 아침 점심 저녁을 먹고도 오후에 참을 먹어 꾸지람을 듣고 고쳤다.

탁발의 공덕

부처님께서 녹야원에 계실 때 여러 비구들이 강당에 모여 의논하였다.

"여러분 거사가 아침마다 백천만 배의 이익을 얻는 것과 스님들이 계법을 성취, 남의 집에 들어가 밥을 비는 것과 어느 것이 났다고 생각합니까?"

그때 아니룻다가 말했다.

"거사의 생활이 우리와 무슨 상관입니까. 설사 이익이 백천만 배가 된다고 하더라도 남의 집에 들어가 밥을 비는 것만 못합니다. 옛날 무환(無患) 벽지불이 바라나시를 의지하여 살고 있었는데, 나는 넝마를 줍기 위해 바라나시로 나아가고 그는 밥을 빌기 위해 시내로 들어갔는데, 조금 있다 오는 것을 보니 빈발우로 왔습니다. 아니룻다가 그를 위해 탁발하여 스님의 몫으로 그를 주니,

"스님이시여, 금년은 가뭄과 이른서리, 황충으로 5곡이 흉년이 들어 백성들도 살기 어려우니, 우리 이 밥을 두 몫으로 나누어 함께 목숨을 보존합시다."

하여,

"나는 때를 알기 때문에 언제나 얻을 수 있으나, 벽지불께서는 어려우시니 그냥 드시고, 나를 사랑하고 가엾이 여겨 주십시오."

하였다. 그 인연으로 아니룻다는 일곱 번 천왕이 되었다가 인간에 태어나, 석가족 왕가에 태어나 식읍과 봉읍을 받았고, 급기야 출가하여 석가 세존의 바른 깨달음과 단이슬을 맛보게 되었던 것이다.

그때 대중들은 아니룻다의 과거에 대해서 이야기를 듣고 있었는데 부처님께서는 그의 미래에 대해서 설명해 주었다.

"인수정명 8만 세가 되면 염부제는 지극히 풍족하여 매우 즐거운 생활을 하리라. 그때 여자는 500세 되어야 시집가고, 기후 용변 음식 늙음에 대해서는 걱정이 없을 것이다. 그때 소라 임금님이 전륜성왕이 되어 법으로써 세상을 다스리다가, 대보시회를 베풀고 나서는 스스로 출가하여 범행을 닦을 것인데, 그 이름이 미륵이다."

하고 금실로 짠 옷을 주며 수기하고 게송을 읊었다.

부처님의 발자취

　저는 결코 생·노·병·사를 끊고
　아무런 의혹도 없어
　새가 그물을 찢고 나오듯
　저 언덕에 이르러
　자재로운 선정을 얻고
　주인도 집도 없는 경계에서 놀리라.

〈중아함경 제13권, 설본경〉

제2편 바라나시의 역사

신화속에 나타난 바라나시

바라나시는 앞서서 언급한 바와 같이 바라문교(뒤에 힌두교)인들에게 있어서는 가장 신성한 도시이다. 이 우주 만물 그 자체이고 그 주인 쉬바 바나트가 종교적 신조인 진리와 부를 실천하는 도시이고, 그리고 그것을 몸소 실천하는 수행 장소이기 때문이다.

창조주 브라마와 수호신 비쉬누가 불화한 가운데 시바가 하늘로부터 떠올라 땅을 찬란하게 비추는 광석(光石)으로 나타난 곳, 한편 비쉬뉴는 그 자신을 야생의 돼지로 탈바꿈하여 그 빛의 근본을 캐고자 땅을 깊게 파 항하를 만들었다고도 하고, 브라마 자신이 가루다(神鳥)로 나타나 지금도 그 근원을 찾아 하늘로 날고 있다고도 한다.

한편 시바는 자신의 비석을 축소시켜 아

대형서점

디비쉐쉬바라(작은 남근상)로 변하여 아직도 이곳에 머물고 있다고 하여 이때부터 이 도시를 '카쉬'라 불렀다고 한다. 그러므로 '카쉬'는 시바의 영원한 영토로 버림받지 않는 선택된 도시란 뜻으로 '아비묵태쉬바'로 불리어지기도 하였다.

그리고 또 다른 신들 사케스와 브라흐마 푸리의 원천지라고도 한다. 그래서 인도 사람들은 그 이름만 외우는 것으로도 모든 능력을 얻을 수 있다고 생각했으며, 이 세상 종말이 와도 결코 없어지지 않는 만물 가운데 만물이라고 하여 '카쉬 칸트'라 부르기도 하였다.

그러므로 이 도시를 움직이고 있는 것은 바로 신의 축복이며 믿음이다. 그래서 이 도시는 갖가지 색깔과 유희 매력으로 형성되어 있다. 매일매일 축제가 이루어져 바라나시의 신성과 세속, 물(物)과 영(靈), 그리고 고대와 현대가 한 장소에서 환상적으로 나타나고 있다.

바라나시는 인도 7대 도시 가운데 하나이며, 다양한 문화와 언어, 그리고 갖가지 종교가 삶의 방식으로 나타나고 있다. 그런데 이상하게도 이를 체험하기 위해 또는 구경하기 위해 모여든 세계인들이 인종과 언어 풍습에 구애를 받지 않고 자유스럽게 기도하고 명상하고 연구 공부하며 감탄하고 있는 신비한 도시이다.

간디스 강변에 지어진 역대 임금님들의 궁전들

바라나시의 역사

1. 바라나시의 이름

바라나시는 갠지스강과 함께 북쪽의 바루나강, 남쪽의 아시강이 교차하는 곳이기 때문에 교통의 요세지요, 만물의 교역지가 된 것이다.

옛날 힌두 종족의 할아버지 바이바쉬바타마누가 이곳에 왕조를 건설 7대손 루나족 카쉬가 장악하므로써 그 이름을 '카쉬'라 부르게 되었다고 한다. 그러니까 이 '카쉬'란 이름은 '카쉬아스'란 부족 이름에서 유래된 것을 알 수 있다.

그 부족은 명상할 때 사용하는 매트를 제작하고 살았으며, 그 재료는 근방 습지성 정글에서 채취하여 썼다고 한다. 그래서 '아난드반드'라 부르기도 하는데 이것은 '황홀한 숲'이라는 뜻이다.

사실 많은 사람들이 여럿이 이렇게 모이게 된 것은 그 황홀한 숲속에 들어앉아 우주 인생의 신비한 체험을 해보고자 하는 욕구에서 발효된 것인지도 모른다.

그리고 '바라나시'란 이름은 '라자바나'가 오래된 성을 수리하고 그 수도를 '라즈갓'에 있는 오래된 성의 위쪽에 정한 이후로 불리워진 것으로 추정한다.

부처님 당시(약 6C경) 이 도시는 '마하잔파다스'로 표기되고 있는데, 안전한 유희가 풍성한 도시를 의미하는 '카신나가'와 '마시푸르'로 표현되기도 한다.

2. 바라나시의 정복사

① 그러기 때문에 바로 그 카쉬 이웃에 있는 마가다 왕 빔비사라가 코살라왕 프라세나짓의 여동생과 결혼하였을 때 카쉬의 조세가 그들의 결혼 지참금으로 바쳐진 일도 있다.

적어도 이 사실은 빔비시라왕의 아들 그 후계자가 코살라의 몇몇 지역을 통합 마가다대제국을 건설할 때까지는 지속되었을 것이다. 그러다가 모란황제 아쇼카가 집권하면서부터 통일인도의 한 부분으로 들어간다.

② 그런데 그 뒤 승가왕조 때 카쉬는 이웃 코삼비로 넘어갔다가 그 후 굽타황제에게 지배당하며 결국 모카리의 왕 카나우즈의 하르샤바르단에게 넘어간다.

바로 그때 중국학자 휴엔 추황이 왔다가 "견고한 거주지에 많은 인구가 사는데 교육 수준이 높고 부자가 많아 매우 우호적이었다"고 기록하고 있다.

그리고 그들은 대부분 '베다'를 믿고 있었으며, 소수의 불교신자들도 도시 곳곳에 사원들을 가지고 있었다 한다.

③ 8세기 중반 마우리아왕조를 패배시킨 카시미르왕 랄리타디야의 동전이 라자카트에서 발굴되고 있는데, 이로써 보면, 팔라스 프라티하라스, 라쉬트락쿠다스, 찬델라스, 그리고 체디스 등 여러 부족국가들이 잠시 동안 이 도시를 지배한 일이 있는 것 같다. 바라나시의 부유와 장엄 때문에 당시 갠지스강을 휩쓸던 약탈배들이 자주 침략했기 때문이다.

④ 1033년 경에는 무하무드 가즈니장군과 아흐무드니얄도 지나갔고, 1041년부터 81년까지는 체디의 강력한 리더 락쉬미 카르나에 의해 새로운 도시로 번영하기 시작했다고 한다.

⑤ 그 후 바라나시는 가하드발라스의 찬드라티타와 고빈드찬드라에게 지배 당하였고, 모하메드 고리장군 쿠타부딘 아이박은 고빈드찬드라의 손자인 자이찬드라 기간에 공격해와 필사적으로 지키다가 전사함으로써 도시는 일시 폐허상태에 이른다. 수천개의 사원들은 파괴되었고, 그 자리에 이슬람 사원이 세워졌다. 아이박은 1400 마리의 낙타에 전리품을 싣고 고국으로 돌아갔다."

〈아븐아시르〉

⑥ 그 뒤 투그룩은 비교적 평화롭게 지배했지만 샤르꾸이왕 마흐무드샤는 많은 사원들을 파괴하고 파드메쉬와라 사원의 잔해들을 가지고 잔푸르에 랄다르봐자란 이슬람 사원을 지었다.

⑦ 1494년에는 다시 시칸데르디에게 넘어갔으며, 1527년에는 바브르가 그를 패배시키고 지배하게 되었다.

⑧ 그 뒤 약 1세기 동안 무갈족과 파탄족이 팽팽히 경쟁해오다가 마침내 휴마윤을 패배시킨 쉐르샤의 지배아래 아프간 족이 승리자가 된다.

⑨ 바라나시가 다시 살아나게 된 것은 무갈제국의 왕 아크바에 의해서인데 그는 모든 종교에 대해 열성적이고 관대하였으므로 그의 패권을 인정한 힌두의 귀족과 왕들에게 바라나시 주위의 땅들을 수여하기도 하였다.

⑩ 라자스탄의 왕 만성이 이 기간 중 만성가트(목역터)를 만들고 아크바의 중신 라자트다르만은 비쉐쉬비라사원을 복원, 그의 아들 고베르단이 바라나시의 군주가 되어 1585년 많은 사원과 목욕터 연못과 우물을 만들어 종교와 학문이 크게 번성하게 하였다.

⑪ 아크바디 궁정 역사가인 아불파줄은 '일곱 곳의 힌두성지 중 바라나시가 최고'라 하였고, '수많은 사람들이 먼 곳에서 찾아와 헌신적으로 공부하고 있었다' 기록하고 있다.

⑫ 또 1583~1591년까지 인도를 방문한

화장터 근처에 버려진 오물

신상앞에 꽃같이 아름답게 장식하여 올린 음식

영국의 여행자 랄프 피치도 "라마난드, 카비르, 라이다스 툴시 등 박티운동의 모든 개혁자 개척자들이 이곳에 와서 가르침을 설파했다" 하고 "모두 그것은 자항기르(1605~1627)와 사쟈한(1627~1658)의 관대한 군주 덕분이었다"고 하였다.

사쟈한의 아들과 알라하바드의 수베다르, 그리고 바라나시 다라시코도 역시 관대하므로써 배움의 열정에 꽃을 피웠다.

사쟈한의 아들은 카쉬미르의 현학들을 바라나시로 불러들여 우파니샤드(고대 인도 철학)를 페르시아어로 번역하여 6개월 만에 완성하였다.

그는 결국 동생 오랑젭에게 죽었지만 시리아 아크바라 청해진이 이 프로젝트를 세계적 문화유산의 하나로 만들었다.

⑬ 오랑젭은 힌두교를 뿌리 뽑기 위해 수많은 사당들을 파괴하고 그곳을 방문하는 순례자들에게 세금을 부과, 그 돈으로 비쉐쉬바라, 빈두마다브사원을 파괴한 자리에 이슬람 사원과 알담기리 사원을 건축하였다. 또 브라흐만(사제)들을 박해하고 많은 소들을 도살했으며, 우물을 더럽히고 성서를 불태워 도시의 신성함이 모두 파괴되었다. 그가 구상한 동전에도 바라나시란 이름을 없애고 무하마다바드라 이름을 바꿨지만 그는 그 동전이 나오기 전에 죽었다.

오랑젭이 죽고난 뒤 바라나시는 한때 혼란과 불안속에 많은 침입자들에게 약탈당한다. 18세기 모하메드샤의 지배기간동안 수베다르의 미르무스탐 알리는 바라나시 주변일대를 힌두사제이며 지주, 그리고 한학 만사람에게 넘겨주었는데 그 사람들이 현재 바라나시 마하라자왕의 조상이 된 것이다.

그의 아들 바란트싱은 우드의 나랍에게 직접적인 통제를 받았으며, 영리한 외교가로써 빈도히 성을 공략, 나왑의 힌두장군을 패배시켰다.

⑭ 그 후 1748년부터 1752년 발완트싱, 나왑, 아프간족의 아마드샤방가쉬 그리고 마라다스가 서로 카쉬의 지배권을 놓고 다투는데, 결국 나왑디 아프칸족을 패배시키고 카쉬의 지배권을 확보한다.

반면 페쉬가 왕위에 오르면서 마다라스를 바라나시와 공교한 동맹을 맺어 많은 목욕터와 거주지를 만들었다.

⑮ 바지라오(1720~1740) 1세는 여기에 상당한 공헌을 하였으며, 힌두사제 나라얀바트가 브라마목욕터와 두루가목욕터를 만들었다.

바지라오 2세는 바라나시를 마라다스의 영토에 귀속시키기를 원했지만, 1761년 마라다스가 대영제국에 패배하므로써 끝났다.

⑯ 발완트 성은 대영제국과의 동맹 관계를 맺고 마하라자의 칭호와 그 지역을 지배할 수 있는 실권을 가졌는데, 1770년 그가

죽음으로써 체트성이 왕위를 계승했고, 1775년 영국의 동인도 회사가 파이자바드 조약을 통해 바라나시를 영국에 넘길 것을 강요하였다. 그리하여 1787년 조사단 둔칸이 바라나시에 거주하게 되었고, 미힙 미라인은 왕위에 올라 엄청난 사회적 변화가 생겼다.

바라나시 사람들은 대영제국과의 원만한 관계를 유지하기 위해 음악, 예술, 그리고 수행등을 장려함으로써 바라나시는 점차 인도 전통의 정신문화도시로 옛 명성을 되찾게 되었다.

1857년 인도의 첫 번째 구국운동은 바라나시에서 시작되었다. 1904년 고칼레의 임기 기간 중 인도 국회가 바라나시에서 소집되고, 학생 농민 소작민들의 항의시위로 1950년 10월 결국 바라나시는 인도연방에 병합되었다.

이것이 왕정을 버리고 국가주의에 병합되는 첫 번째 사례였다.

그 후 바라나시는 인간 홍수 속에 고집스러운 염소 떼가 실컷 먹고 새김질을 하며 길도 잘 비켜주지 않는 소떼들, 그 사이에 앉아 수행하는 성자들, 주인없는 여인들이 수많은 계단을 오르내리고 있는 도시로 변화한 것이다.

사람들은 말한다.

바라나시는 성지 중 성지이고
강 가운데 강이며
자유와 행복의 도시이고

생명의 어머니가 유지 관리되고 있는 곳이라고, 새벽하늘이 동틀 무렵부터 저녁노을이 질 때까지 세상의 갖가지 일들이 그 가운데서 일어나고 있다.

"하르 하르 마하데브~시바에게 영광을
강가 바이아 쟈이~어머니 갠지스강에게 영광을"

기도하는 사람들이 외치는 소리다.
젊은 신사로부터 아이 노인에 이르기까지 흐르는 물을 이마에 찍어 바르고 온몸을 물속에 담군다. 한번으로부터 열번 스무번 백번 천번
다생의 죄업이 모두 다 씻어져 내릴 때까지 계속해서 반복한다. 한 번 담그는데 500생 죄없이 소멸된다고 믿고 있기 때문이다.
심지어 어떤 분들은 그 물을 병에 담아 자기 집으로 가지고 간다. 집에서 목욕할 때에 한 방울씩 목욕물에 타서 몸을 씻기 위해서다.
웅장한 돌계단, 장엄한 석조물, 고급스러운 힌두사원, 이슬람 사원의 광탑 첨탑, 장엄한 궁전, 천막 휴양소 허물어져가는 아파

트, 그리고 소비자들을 유혹하는 전광판의 광고물, 머리를 안감으려고 발악하는 아이들, 만트라의 주문소리, 신혼부부들의 축복소리, 세탁업자들의 세탁물, 또 그들이 세탁코자 가지고 온 물건들을 밟고 두들기는 모습, 죽은 사람의 시체를 짊어지고 와서 화장하는 사람들, 남편의 화장모습을 보고 그날부터 단식하여 다음 화상시간을 기다리는 정녀 열녀들, 화장터에서 기다리다가 튀어나온 고기를 주어먹는 닭 개들, 덜 탄 시체를 강물에 던지며 천당가기를 기원하는 사람들 -. 그런데 이런 것하고는 관계없이 배를 타고 유유히 강을 건너는 길손들, 무엇인가를 손과 머리에 가지고 유람선을 따라다니며 물건을 파는 사람들, 이렇게 해가 뜨고 지는 것을 종일토록 바라보고 있노라면 인도의 하루가 어떻게 지나가고 있다는 것을 알 수 있다.

5km가 넘는 길엔 작은 골목만도 60개가 넘는다고 한다. 어느 곳에 가던지 역시 골목은 꽉 차 있다. 사람 짐승 물건 흥미로운 것은 다양한 건축양식이 하나도 거의 같지 않다는 것이다. 모두 자기 신에게 바쳐진 독특한 정성이기 때문이다.

이름난 목욕터들

① **나그와 가트** : 강 가장 상류 힌두대학 부근에 있다. 배를 타고 강을 건너가면 람나가르 궁전이 있다. 아시강과 갠지스강이 합류하는 지점에 위치하고 있기 때문에 성지 중 성지로 여겨진다. 여신이 악마 슘브 니슘브를 살해한 후 칼을 떨어뜨려 만들어졌다고 하는 '두루가 쿤드'라는 곡선이 완만하게 이루어져 있다. 랄라 미스르 가트와 함께 레와의 왕이 만들었다고 한다.

② **툴시 가트** : 16세기 유명한 시인 툴시 다스에게서 유래된 이름이다. 그는 수년 동안 여기에 머물며 람챠리트마나스란 시집을 내었다. 그의 원고는 지금도 이 강에 떠돌고 있다고 한다.

또 라밀라의 첫 번째 공연도 이곳에서 이루어졌다고 한다. 람신을 위한 사원이 이곳에 모셔졌고, 시인이 죽었던 방도 아직까지 이곳에 남아있으며, 사용했던 나막신과 베개, 그리고 갠지스강을 건넜던 배 그림도 집안에 남아 있다.

③ **아난다마이 가트** : 은둔자 아난다바이 마의 아쉬람, 이곳에는 4개의 쉬바사원이 있는데, 황금 뾰족탑이 있다. 그 뒤에 로라르카 쿤드가 있으며, 바크라즈는 세 개의 힌두 사원이 함께 있는 쟈이나교의 가트이기도 하다. 거기에 있는 쉬빌라체트 싱의 성은 칼리 여신이 내부에 안치되면서부터 칼리마할이라 부르고 있다.

하늘등 먼저간 조상들을 위해 거는 등불

④ **단디 가트** : 단디만유신교의 고행자들을 관리하는 직원들이 거주하는 장소이다. 스파르타식 하누만 가트는 레슬러들이나 보디빌더들이 주로 이용하여 하누만 신들의 후원자로 알려져 있다. 한때 이곳은 성 빌라바차랴가 머물기도 하였고, 그 화려한 사당은 카쉬의 수호자인 바이론신에게 바쳐졌다.

⑤ **하리쉬찬드라** : 아주 오래된 가트이며, 그 이름은 신들에게 자신의 신앙심과 충성심을 증명하려 했던 왕 하리쉬잔트라의 이름에서 유래되었다 한다. 그는 온갖 고행에 몰두했을 뿐아니라 모든 재산과 왕국을 바쳐버리고 그의 부인과 자신을 화장터의 관리인 돔의 노예로 팔기도 하였다. 그의 아들이 뱀에 물려 죽게 되었을 때 그 시체를 이 가트로 옮겨와 화장을 시켰지만 관리인은 그 가족에게 전혀 호의를 보이지 않았으며, 옷도 거의 입지 못한 그의 어머니에게 화장비를 요구했다고 한다. 그때 신들은 그의 정직성과 충성심에 마음이 동화되어 그들이 잃었던 모든 것을 회복하게 해주었다 한다.

⑥ **케다 가트** : 비자야나가르왕이 세운 가트이다. 사원 한복판에는 쉬바신이 모셔져 있고, 안에는 두 개의 황동상과 팔이 4개인 드와팔라스가 있다. 문지기가 항상 지키고 있는 문밑에는 가우리쿤드가 있는데, 그 물은 병을 치료하는 능력이 있는 것으로 알려

갠지스강가 가트에서 화장하는 모습

져 벵갈 남인도 순례자들이 즐겨 찾는 곳이다.

⑦ **초기 가트** : 밀을 굽는 천인 바르분자에 의해 세워진 것이다. 마더 테레사의 고향이 여기서 멀지 않다고 한다.

⑧ **마하니르바니**

⑨ **니란자니**

⑩ 니가 가트는 모두가 고행자나 다른 여러 종교인들의 성자들에게 헌납된 목욕터들이다.

⑪ **만사로바 가트** : 아메르의 라지 만신이 만들었다. 카일라스 산 밑에 있는 만자로 호수에서 쉬바신의 전설이 생겨 그 이름으로 불려지게 되었는데, 호수 주위에는 60여 개의 폐허된 사원들이 있다. 순례자들은 이곳 호수물을 떠 남쪽 와메쉬와람 가트까지 가져갔는데 그렇게 하면 큰복을 얻는다 하여 관습적으로 그렇게 하고 있다.

⑫ **소마쉬바라 가트** : 병을 치료하는 목욕터로 알려져 있다.

⑬ **나라다 가트** : 보리수 나무가 있는 가트이다.

⑭ **라자 가트** : 순례자들을 위한 여관들이 많이 있는 곳인데 원래 마하라쉬트리안 힌두 사제들을 위해 페쉬와 암리트가 지은 것이라 한다.

⑮ **라나 가트** : 우다이 푸르에서 온 마하라나에 의해 지어졌다.

⑯ **이힐랴바이 가트** : 라마다 여왕 이힐랴바이 홀가르가 세운 것이다.

⑰ **문쉬 가트** : 문쉬 쉬리다르가 세운 것이지만 지금은 비히르주의 다르방가왕에게 속해 있다.

⑱ **다샤쉬브메드 가트** : 빌라지바지 라즈 1세에 의해 만들어졌으며, 말 번제를 열 번 행했던 경건한 카쉬의 왕 디보다사로부터 그 이름이 유래되었다. 디보다사마는 신에게 기도하기를 "천상에 사시는 신들을 이 땅에 있는 해충 뱀 같은 것들이 살지 못하게 하고, 자신이 이 땅을 다스릴 수 있게 해달라" 하였다.

반면 파르바티신은 쉬바신에게 간청해 "자신을 천상이 아닌 다른 곳에 살게 해달라" 빌었다 한다. 왜냐하면 자신이 인간과 결혼하여 어머니께 꾸중을 받았기 때문이다.

디보다사가 카쉬를 지배한 후 시바신은 이 선택받은 도시에 올 필요가 없었다. 그래서 그는 신을 경외하는 왕에게 많은 조력자와 여신, 그리고 열두 가지 형태의 태양을 보내 그를 돕게 하였다 한다. 그 후 쉬바는 왕에게 엄청난 비용이 드는 말 번제를 요청하여 자그만치 열 번이나 말 번제를 지내게 되었다 한다.

말 번제란 말을 제사에 쓰는 제사인데 선택된 말을 방목하여 조금도 상하지 않게 하므로써 호귀한 말이 되게 하여 번제를 올리는데, 이 왕은 한 마리의 말도 약탈자가 넘보지 않게 하여 열 번을 잘 지내므로써 감동한 브라마신이 이 도시에 정착하게 되고, 비쉬누신도 동방에서 온 힌두사제로 변장하여 쉬발링가를 만들도록 했다는 전설이 있다. 그로인해 왕은 없던 자식을 얻어 왕위를 계승케 하였다 한다. 그래서 그는 바라나스와 아시지역을 쉬바신께 바쳐 구원을 얻게 하였다 한다.

베다에서는 카샤스에 대한 전설이 여러 번 나오는데 갠지스강을 위해 지어진 사원이 그 근처에 있다. 신자들은 천연두를 보호하는 여신에게 바쳐진 사원 쉬탈라마타도 그 부근에 있다. 프리야그 가트 근처에 있는 쉬바사원에서는 끊임없이 피리 소리와 독경 종소리가 이어지고 있다.

⑲ **만만디 가트** : 1600년 라자만싱에 의해

세워졌으며 아름다운 석조 발코니가 눈에 띈다. 1710년 자이프르 출신의 사와이 라자 자이싱은 천체의 움직임을 관찰하기 위해 이곳에 거대한 석조 천문대를 만들었다.

⑳ **미르 가트** : 주로 이슬람교도들의 목욕 터인데 미르루스탐알 리리가 만들었다. 이곳에 성스러운 우물 다르마쿱이 있다.

㉑ **비렌드라 가트** : 네팔왕 비렌드라가 그의 아내 이름을 따서 만든 것이다. 거기 네팔의 유명한 힌두사원 파슈파디나드가 있다. 쉬바신에게 바친 것이다.

㉒ **잘사인 가트** : 쉬바신이 누워 잠을 잤다고 한다.

㉓ **마이카르니카 가트** : 죽은 남편을 따라 살아 있는 아내를 돌로 쳐 죽여 생으로 화장한 곳이다. 전설에 의하면 그런 아내를 둔 남편을 쉬바신이 그 뼈를 하늘나라로 가져갔고, 그 아내들이 떨어뜨린 루비 귀고리가 땅에 떨어진 것을 훔치려던 힌두 사제들에게 저주를 내려 화장 관리인으로 돌려보냈기 때문에 지금도 자손들이 화장터를 관리하고 있다 말한다. 그때 쉬바신이 비쉬누신에 귀고리를 찾아 달라 부탁하여 많은 인부들이 땅을 파 찾았으나 그때 너무 많은 땀을 흘려 그 땀이 모여 우물이 되었다는 '땀 우물'이 이곳에 있다.

이 우물에는 쉬바신이 함께 한다고 하여 널리 알려졌는데 한때는 홍수로 안쪽이 막혔던 것을 뚫어 다시 봉헌하고 우물과 가트 사이에 비쉬누의 발자국이 새겨진 대리석이 보존되어 있다고 한다. 그래서 이 화장터는 높은 특권층 사람들만이 이용하고 있다.

㉔ **마니 카르니카 가트** : 많은 남근상들이 있고, 그 중심부에 세 개의 눈을 가진 쉬바신(나룻배의 신)을 위한 사원이 있다. 붉은 피부에 은색 머리를 가진 시디 바냐카 혹 가네샤신의 사원도 그 근처에 있다.

㉕ **강가마할 가트** : 바라나시왕의 궁전 한쪽에 알람기르 이슬람사원은 멀리서 나마 볼 수 있다. 가트 너머에는 이슬람사원(붉은색돔형) 알람기르를 멀리서 볼 수 있다. 여기에는 날개달린 음악가 밴드의 조각상도 있다.

㉖ **다타트레야 가트** : 한 학식있는 성자에게서 유래되었는데, 그 성자의 3위일체 화신에서 유래 되었다 한다.

㉗ **신디아 가트** : 구왈리아 여왕 바이자 바이에 의해서 만들어졌는데, 그 건물구조가 너무 크고 장엄해 한 번은 붕괴되어 강물에 가라앉은 적이 있었다. 현재 건물은 그 이후 다시 지어진 것이다.

㉘ **판차상가 가트** : 지하에 흐르는 신비한 강인 도트바바와 키란, 지르나 난다와 사라스와티가 갠지스강과 만나는 지점에 위치하고 있다. 백 개의 심지를 가지고 있는 등불에 불을 밝힐 때면 가트는 강위에 희미한

빛을 발하게 된다. 여기서 과부들은 긴 대나무 기둥에 등불이 달린 버드나무 바구니를 가지고 하늘로 간 남편의 길을 밝혀준다.

비쉬누신을 모셨던 빈두마다브 사원이 허물어진 자리에는 오랑젭이 세운 이슬람사원이 있다. 프랑스 여행가 타베르니어에 의하면 "150피트의 이 광탑 높이에 있는 사르나드탑과 미르타푸르 언덕, 그리고 강이 최고의 아름다운 경치를 조화롭게 이루고 있다" 하였다. 건축은 밑부분은 힌두양식이고 그 나머지는 무갈양식이다.

㉙ **가이 가트** : 신성한 소의 이름에서 따낸 이 가트는 순수한 목욕만을 위한 장소이다. 고원을 발굴한 결과 이곳은 고대 카쉬의 심장부였음을 알았다 한다. 여기서부터 만들어졌던 고대의 성이 발굴되었기 때문이다.

남쪽에는 타일과 모자이크로 장식된 바라나시 장관을 지낸 랄칸의 이슬람식 무덤이 있다.

㉚ **아디케샤브 바루나 가트** : 바루나 강과 갠지스강이 만나는 지점에 있다. 여러 개의 사원들이 있다. 그 중에서도 18세기 신디아 왕이 세운 상가베쉬와 가트와 브라마 베쉬와 가트가 유명하다.

순례자들은 일정한 패턴에 따라 가트를 방문하는데 판츠트리디 야트라는 10월부터 11월 사이에 행해진다.

먼저 강가에서 목욕하고 가트에 있는 사원에 가 의식을 한다. 다음으로 다샤쉬브메드 팔츠강가 마니카르니카를 거쳐 아디케샤브로 가는데, 약 80km의 평야 촌락 먼지 투성이의 길을 지난다. 그래서 그 길을 믿음의 영역, '다르막쉐트라' 불리운다. 이 코스는 마더 카르니카 가트에서 시작하여 아시 가트를 거쳐 빔찬디, 라메쉬와를 지나 갠지스강과 비루나강이 만나는 자리까지를 순회한다.

길가에는 108개의 사당들과 사원, 그리고 나무그늘 밑에 세워져 있는 남근상에게 예배하면서 지나가면 꼬박 4일이 걸린다고 한다.

이 코스를 마치는 자는 히말라야의 케다르나드에서 바다를 통해 라베쉬 와람으로 이어지는 모든 순례지를 갈 수 있는 특권이 주어진다. 이만큼 이 코스는 중요한 것이고, 카쉬에서는 조약돌 조차도 쉬바신의 화신으로 믿으며 순례자들은 이 길을 걷는다.

유명한 사원들

① **황금사원**

중앙가트에서는 순례자들을 가장 신성한 곳인 황금사원에 가까이 있는 골목길에 들어가서 51피트의 뾰족탑을 볼 수 있다.

그러기 때문에 이 골목은 제물을 가지고 지나가는 순례자들로 항상 붐빈다. 그래서 특별기간 때에는 경찰들이 나와 순례자들을 통제하고 보호한다.

사원에 도착하면 아름답게 세공된 청동문을 볼 수 있어 새벽 4시부터 사람들이 줄을 서 있다. 와랜 히스팅이 지은 '노바트 카나라' 불리우는 음악관에는 음악가들이 앉아 신을 깨우기 위해 '쉐나이와 타블라(인도 전통악기)'를 연주한다. 아홉 개의 종이 석조 구조물에 달려 있는데 이중 가장 우아한 종은 네팔 왕이 기증한 것이다. 한쪽에는 신성한 소 난디가 서 있으며, 다른 편에는 여러 남근상들이 있다.

그리고 또 벽에는 여러 우상들이 있는데, 이것들은 필시 오랑젭이 파괴한 비쉐쉬바라 사원에서 가져온 유물들인 듯하다. 파괴된 사원의 다른 유물들은 폐허 위에 오랑젭이 세운 이슬람 사원 뒤편에서 확인할 수 있다.

사원 근처에는 걘바뢰라는 우물이 있는데 그 이름은 '지혜의 우물'이라는 뜻이다. 사원이 파괴될 때 사제들이 이들 남근상을 우물에 숨긴 것으로 알려졌는데, 18세기 '바이자 바이' 여왕이 이 우물을 보호하기 위해 주위에 돌벽을 쌓았다.

이 사원 내실에는 금으로 된 원반위에 세워진 검은색 쉬바 남근상이 있으며, 은으로 만들어진 울타리가 있다. 복잡한 아치형 문이 끝까지 장식되어 있다.

이 남근상은 오랜 세월 신자들에 의해 숭배되어 왔는데 그 위쪽 부분에 아르티가 있다. 여기서 매일 네 번씩 올려지는 향유제사가 있다. 붉은 색도티(남자들이 두르는 천)를 두른 11명의 사제가 울타리 곁에 다리를 꼬고 앉아 주문을 외우면 남근상은 먼저 갠지스강에서 떠온 물로 세척되고, 꿀 버터 우유로 씻겨진 뒤 금잔화 화한 장미 쟈스민 그리고 벨카트 잎으로 정말 화려하게 꾸며진 그 다음 장식된 남근상은 꽈리를 틀고 있는 은 코브라상 가운데 안치시킨다. 그러면 코부라의 목을 꽃으로 가리고 향과 아르티불이 켜지며 사제들은 힘을 얻어 더욱 열

심히 주문을 외우고 드럼과 뿔피리 종소리를 덩달아 친다. 그 소음이 귀를 멍멍하게 할 정도다. 이때 신도들은 환희 황홀에 차며, 밤 11시가 되면 예식과 제사가 모두 끝난다.

② 비쉐시바라 사원

원형 건물로 1194년 아이박에 의해 파괴되었으며, 1585년 라자 토다르말에 의해 다시 세워졌다. 그리고 1669년 오랑젭은 그것을 다시 파괴하였고, 지금의 사원은 1775년에 세워진 것이다. 이것은 여왕 아일랴바이 홀카에 의해 세워진 것인데, 그 뒤 파틸라의 왕 란짓 싱이 구리첨탑 위에 82kg 도금을 입히기도 하였다.

③ 대 이슬람사원

갼비피의 북동쪽에 오랑젭이 세운 대 이슬람사원이 있다. 100피트의 8각 광탑이 하늘을 향해 솟아있고, 지금도 하루에 다섯 차례씩 의식이 거행되고 있다. 앞에 있는 아름다운 두 기둥과 사원 건축에 쓰인 조각들은 파괴된 비쉐쉬비라 사원에서 가져온 것이다. 그래서 이 사원은 힌두와 이슬람 사원이 조화된 건물로 평가되고 있다.

이렇게 바라나시에는 약 2000개 사원에 모셔진 쉬바신을 찾아온 신도들이 거의 주위를 이루고 있으며, 강가강 근처에는 약 10만개가 넘는 남근상이 있다고 한다.

그러나 그 실제를 자세히 살펴보면 인도인들의 신앙은 다원주의다. 사당 이외에 지역신 영웅신 성스러운 가구로 보리수 밑에 안치된 갖가지 신상, 인도에는 약 1억4천800이나 되는 신이 있다고 한다. 이들은 믿는 자에 따라 강물과 꽃, 화환 단사 우유 향유를 공양받고 있다. 대부분의 사원은 도시 한복판에 있다.

④ 토성 사당

비쉬나드사원 밖에는 토성으로 된 사당이 있는데 여기서도 검은 형상을 숭배한다. 이를 믿으면 악과 슬픔을 제거할 수 있다고 한다. 남쪽에는 수크레쉬와르(비너스) 사원이 있는데, 이곳은 많은 여성들이 아들을 낳기 위해 기도하는 곳이다.

그 뒤에는 아니푸르나(음식신)을 모신 사원이 있는데 바라나시의 풍요를 위해 그 신을 이곳으로 보내 왔다 믿고 있다. 1725년 바지라호 1세가 세운 것이다. 1층에는 은행상이, 2층에는 금행상, 수랴 가네쉬 고리샨카 하누만 등은 음식 축제(아나쿠타) 때만 일반에게 공개 된다.

시청 근처에 있는 바이도르나드 사원은 1825년 바지라오 2세가 만든 것이다. 조각상은 도시의 수호자 개를 타고 있으며, 개 모양의 사탕 조각들이 이곳 신에게 바쳐지고 있다. 네 개의 팔을 가지고 있는 그 신은 은색 얼굴이다.

④ 단다판사원

여기에는 관리인들이 거주하고 있는데 안에는 4피트 정도의 깃대를 볼 수 있다. 그 주위에는 칼굽이 있는데 벽의 구멍에서 햇빛이 반사된다. 전설에 의하면 그 구멍을 들여다 볼 때 자신의 얼굴을 볼 수 없는 사람은 1년 안에 죽는다고 되어 있다.

시인 툴시다스가 거주하여 시집 바나이 파트리카를 지었다고 하는 작은 오두막이 고팔사원 가든에 있다. 쿠르존 영국의 석판이 이를 증명한다.

⑤ 피사츠모찬 사원

바이론이 도시로 불러온 악마의 우두머리가 있다고 알려져 있다. 도시 외곽에는 툴시다스가 지은 산 캇 모챤 하누만 사원이 있는데 도시로부터 격리되고, 그늘진 이 평화로운 녹색지대는 종교 강연이나 집회에 아주 적합한 장소로 알려져 있다.

⑥ 브리다칼 사원

12개의 뜰이 있으나 지금은 일곱 개만 남아 있다. 그 옆에는 우물과 호수가 있어 만병을 치유하는 능력을 가지고 있다 한다. 갠지스강 부근에서는 가장 오래된 사원으로 알려져 있다.

⑦ 카쉬 카르왓 사원

쉬바신을 모신 사원에는 그 안 마른 우물에는 남근상이 있다. 우물 옆에는 도끼가 있다. 옛날 열성 신자들은 하늘에 자기자신을 만들기 위해 자신의 머리를 도끼로 잘랐다고 하나, 지금 그 근처에는 누구도 접근시키지 않고 오직 장로 1인만이 들어갈 수 있다.

⑧ 틸반데쉬와 사원

높이가 5피트이며 원주가 약 15피트 정도 되는 남근상이 있다. 이 남근상은 매일 참깨 크기로 자라고 있다 한다. 쉬바라트리에는 화려한 쉬바의 두상이 다섯 개 장식이 빛나는 구리 항아리로 장식되어 있는데 이는 하얀금장화 화원과 벨트르잎으로 장식되어 있다.

⑨ 쉬바 사원

10세기 전에 세워졌다 한다. 힌두대학 근처 칸도라마을 카르다메쉬가 있다.

⑩ 데비 사원

지하의 성이며 사제들만이 안에 들어가 목욕하는 곳과 옷입는 곳, 예식을 올릴 수 있는 곳이 있다. 신자들은 천장에 난 창을 통해 여신상을 볼 수 있다.

⑪ 두르가 사원

갠지스강 남쪽에 있는데 원숭이들이 많이 살고 있다. 높은 벽으로 둘러싸인 붉은 사당은 그 주위에 시카라가 안치되어 있다. 사원 입구에 노바트카나에는 음악가들이 하루에 세 번씩 북을 친다.

사원의 중앙 지점에는 4피트 정도 되는 열두 개 기둥건물이 바쳐져 있다. 현관에 있는 종은 자주 울리며, 내실로 안내되는 문은 청동으로 입혀져 있다. 이 사원과 두르가 쿤드라 불리우는 연목은 18세기 벵갈출신 라이바와니에 의해 만들어졌다고 한다. 때때로 염소가 번제에 바쳐지기도 한다. 거기 있는 종들 중 하나는 1808년 바라나시 세금징수관이었던 윌리엄 제임스 그랜트가 강가에 놀러 나갔다가 폴파를 만나 죽게 되었는데, 뱃사공이 기도하여 간신히 살아났으므로 그를 기리기 위해 이 종을 기증했다고 한다.

⑫ 툴스마나스 사원

1964년 세워진 시카라 양식의 벽대리석 사원이다. 사원벽에는 람챠리트마나스의 문구들과 그림이 새겨 있으며, 안에는 라마야나의 원문들이 각기 다른 언어들로 번역된 놀라운 모음집이다.

⑬ 발마타사원

대리석 판에 양각한 인도 지도만을 안치시켜 놓은 특이한 사당이다. 서로 다른 사상과 종교를 가진 사람들에게 애국심을 고취시키고, 그들을 하나로 묶기 위해 만든 우상이다.

⑭ 선 비쉬바난드 사원

바라나시 힌두대학에 있다. 1966년 마단 모한 말비야가 비를라스 자금 지원을 받아 대 삼림 가운데 세운 이 사원은 카스트제도와 편견이 없는 힌두교를 부흥시키고자 원을 세운 것이다. 내부에는 남근상이 모셔져 있고 벽에는 힌두교 경전이 새겨져 있다.

갖가지 음식

위와 같이 종교적 장점들을 골고루 갖춘 바라나시는 세계 각국의 종교 합중국이나 다름없기 때문에 음식 또한 다양하다.

① **카슬리 걀리** : 길거리 간식(잘 양렴된 감자+콩+매운카레+양념한 바삭바삭한 보리로 만든 과자)

② **밀가루 튀김** : 1km의 음식으로 수백 가지 튀김요리를 만든 것들.

③ **카레** : 더운물 찬물에 풀어 먹을 수 있는 카레음식

④ **감자챠트** : 녹색 고소풀+치즈+요구르트+설탕+시럽

⑤ 시금치 도카라
⑥ 감자 사모사
⑦ 콩 사모사
⑧ 후식 : 스위트 신마살라 칸지 달모드 추라 파파드 등 다양.

바라나시는 스위트의 원산지다. 설탕물이 똑똑 떨어지는 뜨겁고 아삭아삭한 자레비스와 라브리 라쎄 피스타바르티 츔츔 말라이 판 다두스 라스쿨라스 투라바는 아주 단 식품들이다.

또 다양한 피클이 있는데 여러 가지 야채 과일 양념으로 만들어진 것으로 그 종류가 정말 셀 수 없다. 붉은 고추피클 푸른 고추피클 망고 레몬 잭푸룻피클 등은 아주 인기 있는 식품들이다.

이러한 음식들은 바라나시를 제대로 느끼게 하고 있다. 그런데 그냥 먹는게 아니라 그런 면에 전문성을 가진 사람을 사겨 더 법답게 맛있게 덕을 수 있는 곳을 체험하여야 한다.

특히 바라나시에서 직접 만들어진 '판'은 향기로운 여러 가지 씨앗과 레몬 등을 혼합하여 맛볼 수 있고, 레몬 등과 혼합된 바삭바삭 달콤한 베텐잎, 장미잎+잎담배+설탕 시럽으로 만들어진 젤리도 유명하다.

인도 사람들은 미소로 인사하고 직접적인 농담을 주고 받기를 꺼리지 않는다. 그리고 그의 말에는 위트와 풍자가 가득하여 그 도시를 자랑스럽게 생각하는 사람이 풍부하다. 자유분방함과 유희, 즐거운 노래로 세상을 보낸다. 비쉬바나드신이 몸과 마음, 영혼을 돌보아 주고, 아나푸르나 여신이 그의 뱃속을 책임져 주고 있다고 믿기 때문이다. 살고 죽을만한 가치가 이 도시에 꽉 차 있으므로 바라나시는 시카다로써 진정한 행복이며 구원이다.

구도시와 신도시

푸차마할은 크게 두 가지로 나누어져 있다. 구도시는 2.5㎢이다.

구시가지는 인구 밀도가 높고 길이 좁고 비포장도로가 많다. 반대로 신도시는 현대식 도로이고 건물이 꽉 차 있어 세계의 관광객들이 대부분 이곳에서 묵는다.

퓨차마할은 좁은 골목에 미로가 많기 때문에 한번 들어가면 긴 터널을 지나가는 느낌을 준다. 어떤 지역은 아직도 도로포장이 되어 있지 않고, 거주하는 사람과 동물들이 지나가는 사람에 아무 영향을 받지 않고 유유히 걸어가고 있다.

거리나 길의 이름은 아주 다양하다. 나후 라비르 보즈비르처럼 영웅의 이름을 따서 만든 것도 있고, 다루마쿱 다르카쿤드 만사로바 고돌리아처럼 강이름을 따서 만든 것

노래하는 가수

벽에 앉아 있던 비둘기들이 자기들끼리 통하는 신호 때문에 날아가는지는 알 수 없으나 우루루 날았다가 우루루 날아온다.

집들은 길에서 4.5피트 높게 지었으나 집집마다 벽에는 갖가지 모양의 그림과 장식들을 달아 정신이 아득하다. 두르가신 라마신 시타신 하누만신 두르가가 타고 다니는 사자, 홍수 때 바누를 구해준 물고기, 다산의 상징 당근 코코넛 망고 무장한 수호신, 라마야나에 나오는 여러 가지 신물(神物), 기호들이 그려져 있다.

집을 꾸미는 그림들과 기호들은 집수리 때마다 바뀌는데, 특히 디왈리 축제 때는 하얀색 칠을 하고 거기 여러 가지 그림들을 부착한다.

도 있으며, 혹은 마단부라 바이즈나드 칼바이라브처럼 사원이름을 따 만든 것도 있고, 케다르가트 초사티 상카타처럼 가트의 이름을 따서 만든 것도 있다. 역사적 인물로서는 툴시 칼리 다라나가르가 유명하나, 모든 길은 '가트'로 통한다.

거리에는 30~40피트 정도 되는 건물들이 길 양쪽으로 꽉 차 있는데 건물 전체가 창문과 발코니로 되어 있어 이웃과 이웃이 서로 마주보고 있다. 하늘은 갖가지 전선으로 꽉 차 있고, 햇빛은 그 틈새로 반사되고 있다.

퓨차마할은 항상 바쁘다.

아침부터 저녁까지 계속 활동 중이기 때문이다.

일터로 나아가는 직장인들

학교로 나아가는 학생들

일과처럼 가트나 사원으로 산책 가는 노인들

야채 장사와 가격 흥정을 하는 아주머니들

거리에서 큰 소리로 물품을 파는 행상들

음식을 구걸하는 탁발승들

짐차 릭샤들이 앞뒤에서 서로 다투고

그 가운데서도 사원 종소리는 끊임없이 들려온다.

그런데 그런 소음들을 다 잊어버린 노인들이

정자나무 밑에 앉아 담배를 피우며

담소를 나누고 신문을 보고 인도차 자이를 마시며 수다를 떨고 있다.

짐승들은 서서 앉아서 누워서 한가하게 햇빛을 쪼이고 있고-.

거주지는 아직도 카스트제도가 분명해 종교 출신지역, 학사 출신지역, 정치 경제인 경계, 사농공상지역, 노예천민지역이 달리 나누어져 있고, 또 지역에 따라 로하리톨라에는 편잡 출신들이 소니야에는 장사꾼들이, 초캄바에는 남인도 사람들이, 데마막에는 아프칸 출신들이 지역집단을 이루고 있다.

왕들은 주로 도시 동북쪽 난데쉬와르 코디에서 주로 손님을 접대했으며, 웨일즈 왕세자 조지 5세와 공주 메리는 1906년 이곳의 귀빈으로 초대되어 묵었고, 전직 오르나 왕이며 영국인 거주자 체리를 살해한 와지르 알리 지지자들은 1799년 세무원으로 사용되는 건물에서 일을 보면서 당시 바라나시의 판사였던 사무엘 데이비스를 공격하였다. 당시 그의 아내와 자식들은 지붕 위로 대피했으며, 그 자신은 기마병들이 도착할 때까지 계단에서 기다리고 있었다. 쿠르존 영주는 이 사건에 대해 위폐를 벽에 부착시켰다.

이 건물 맞은편에 있는 것은 조폐국으로 골동품 수집가 제임스 프린셉이 설계하여 1820~21년에 완성되었다. 1830년 조폐국이 폐기될 때까지 이곳에 있었다. 성메리교회는 오래된 무덤이 있는 흥미로운 건축이다.

더 북쪽으로 나아가면 바카리안 쿤드 연못이 있고, 주위에 수많은 이슬람 건축물과 사원들이 있는데, 건물들은 폐허가 된 힌두 건축물이 서 있던 자리에 그 파편들로 만들어졌다 한다. 여기서 가장 주목할 만한 곳은 무림을 감사고 있는 바티스캄바이다.

라트 바이론에서는 이슬람인들의 기도장소인 이드가에 있는 거대한 붉은색의 기둥을 볼 수 있는데, 이것은 아마도 1809년 폭동으로 파괴된 아쇽칸 기둥으로 생각하고 있다.

카시역 근처에 있는 간지샤하드 사원은 이슬람으로 개종된 불교도들의 사원으로 이슬람의 바라나시 공략 초창기에 개종한 사람들을 기념한 장소인 것이라 추측하고 있다.

아라이 칸구라 사원도 무슬림의 바라나시 정복시기에 세워진 것으로 아는데, 사원 벽에 있는 1190년 비문에 본래는 힌두사원이었다 기록하고 있다. 여기에서는 많은 양의 유품들이 출토되었다고 한다.

여기서 서쪽으로 가면 몇 개의 자이나교 사원이 나오는데, 이곳은 유명한 자이나교 성자인 파르쉬브나드의 출생지로 알려져 있다. 자이나교 성전에 의하면 그의 아버지 아쉬바선이 바라나시의 왕이었다고 한다.

가볼만한 시장

바라나시의 시장은 거주지나 골목 곳곳에 흩어져 있다. 시장들은 각기 제 특성의 물건들을 가지고 있으며, 자신만의 특별한 상품을 팔고 있다.

코야칼리는 유제품 도매시장이고
타테리는 제사용품 전문시장이고
나리얄은 부적과 결혼용품 시장이고
비쉬바나드갈리는 번쩍이는 물품들로 500m 장관을 이룬다. 주홍색 비단 청동 제사기구 등불 염주 금은세공품 석기 양념 담배 향 향유 팔찌 장난감 꽃 신 여신 모형 등 헤아릴 수 없는 물품들이 나열되어 있다.

또 아유르베다에는 의사 약이 꽉 차 있는데, 특히 약초 기름 돌가루 꽃 식물 추출물 금 은을 태운 재 등이 수없이 많다.

존티쉬 켄드라스에는 손금쟁이 점성술인들이 있는데 거기 보석류 옥석류 부적 등이 판매되고 있다.

엑션(사티바자르) 시장에는 아름다운 사리제조업자들과 대 소매꾼들이 모여 있는 곳이나 그들 특유의 신호로써 경매가 한창 이루어질 때는 볼만하여 여기서 거래되는 것은 현 물가의 40% 정도라 했다.

고대에는 파탈리푸트라와 탁실라 탈랄립티로 가는 길목이 바라나시였으므로 모란제국을 방문하였던 여행자들은 거의 대부분이 이곳에 들려 부유하고 번창한 이 도시의 모습을 보고 찬탄하였다.

특산품으로는 다양한 직물, 상아 세공품 금장신구 백단 향유가 유명한데, 실크로드를 따라 그리스 로마 중국으로 향하던 대상들이 여기에 들러 비단과 면직물을 사 가지고 갔다. 카시의 부드러운 천과 화려한 색상은 불교경전에도 많이 언급되어 있다.

또 강은 중요한 무역노선으로 인식 되었으며, 상업하러 온 사람들이 종교까지 거래하여 성제임스 성당의 장식용을 이곳에서 사가기도 하였다 한다.

특히 꿈의 직물 킴크왑부늬에 있는 자리부론카드 순면제품 혼합 모슬린은 유명하다. 고대에는 부로치와 구자낫만 전문적으로 파는 카쉬카바스트라 혹은 바리가 있었는데, 킴스왑은 아름다운 은과 금, 실로 장식된 직물로 거의 금으로 된 직물이었지만 지금은 비단과 금추출이 직물을 꿰매는 역할만 주로 하고 있다.

오늘날 이것들은 비용을 절감하기 위해 구리줄과 황동을 사용하기도 한다. 이때 사용하는 베틀은 보통 베틀보다 훨씬 복잡하고 정교하다. 최고의 직공은 몇 대째 한 집에서 살면서 일하는 이슬람들이라 한다.

바라나시의 공예품들은 대부분 집안에서 내려온 전통들이다. 장인들은 제품을 직접 소비자에게 팔면서 수출도 직접 한다. 그들의 훌륭한 비단 품질, 정교한 바느질, 아름다운 색깔, 섬세한 디자인 때문에 항상 수요가 딸려 중개업자 없이는 사기 어려웠다. 사랑하는 장면, 쾌양 그림자, 나이팅게일의 눈, 공작 목 등은 인기 있는 디자인이고, 점문양 네트워크문양 꽃 줄 등은 기하학적 문양으로 계속 인기를 끌었다.

1986년 이곳 출신 바드루딘 안사리가 국내장인 대상을 받았는데 그가 만든 작품은 공작의 깃털을 금실로 엮은 것이었다. 사리 스카프 옷감 커튼 벽걸이 코끼리 안장 등에 사용되었는데 참으로 인기가 높았다.

불교 경전인 쟈타카는 카쉬를 "상아와 나무제품의 훌륭한 시장"이라고 적고 있는데 도형 빗 보석사자 담배각 목걸이 팔지 장난감이 유명했다.

바라나시에서 74km 떨어져 있는 반도히는 세계적 카펫 생산지로 유명한데 어떤 문양도 주문하는데로 다 만들어낸다고 한다.

바라나시의 또 다른 명품은 구리와 황동 세공품이다. 액자와 물잔으로부터 갠지스강 물을 가져오는데 사용되는 줄타, 호두깍이 쟁반 책상 그릇 화분 꽃병 제사용기 등 다양한 물품들이 있는데, 이런 제품은 대부분 타테리 바자르에서 손쉽게 구할 수 있다.

그들은 스케치 없이 바로 원재료를 다듬어서 작업을 한다. 황동은 야무나 강을, 그리고 구리는 갠지스강을 의미한다. 대부분 꽃문양이나 두르가 락쉬미 쉬바 고쉬누 같은 신상들을 새긴다. 훌륭한 주조와 색상, 우아한 모습은 세계 어느 나라 사람도 따라가기 어렵다.

그 외에도 옷칠기 장난감 소형 무역용품 팔찌 등이 있고, 의상 장식용으로 다양한 구슬이 있다.

또 귀한 손님들이 많이 오는 곳이므로 왕실과 전통 음악, 협회의 후원을 받아 시타르 같은 악기도 만들었다.

사람들은 윤회로부터 해탈한다는 강력한 의지를 가지고 있어 지금의 생이 마지막이 되기를 희망하지만, 도시의 환락이 이를 뿌리치지 못하고 있다.

7일 동안 진행되는 9개 지역의 공식적 축제 이외에도 40여 개가 넘는 축제를 엄수해 행복하게 즐기고 있다.

꽃과 향을 파는 노점상

화려한 축제

축제가 있으면 거리에는 행상인과 공연자, 걸인, 꽃장수 들이 먼저 술렁인다. 각기 신자들은 자기가 신앙하는 신의 축제일에 맞추어 나와 그들 사원으로 가 행사를 치르게 된다. 때로 기다리는 과일점이나 스위트 상점은 대목을 보게 되는데, 적어도 하루 한 차례 이상을 갠지스강가에 내려와 목욕하고 간식을 한 뒤에 돌아가기 때문이다.

① **람나가르 람릴라 축제** : 왕이 신적 영감을 받아 시작한 것이다. 어느 날 왕이 아요타로 가던 중 파이자바드에서 꿈을 꾸니 람신이 나타나 "바라나시에서 릴라를 행하고 다르샨을 얻으라" 하였다. 그로 인해 매년 9~10월 한 달 동안 야영을 하며 흥미로운 관경을 지켜보는데 왕이 직접 공연자들의 신발 옥성 그 비용을 댄다.

왕도 이 날은 화려하게 치장된 코끼리를 타고 하얀 파라솔 아래 번쩍이는 코끼리 안장에 앉아 각 보석과 화려한 의상으로 치장한 뒤 입장한다. 왕이 그 가족과 내빈들을 코끼리에 태우고 입장할 때 그 모습은 진실로 장관이다.

공연은 4시에 시작하여 6시에 잠깐 휴식을 갖고 밤늦게까지 진행되는데 행상들은 이때 간식거리로 한몫을 본다.

고행자나 성인들은 이때 찬가를 부르며
"자이자이 시타람"
"시타람 시타람"

하는데 이때 호수 사원 연못 천막 광장 나무들이 온통 공연장으로 변한다. 사람들은 공연자를 따라 이리 몰리고 저리 몰리며 람나가르 왕궁으로 따라간다.

주요 신의 역할을 하는 배우는 주로 젊은 사제들이며, 이들은 축제가 시작되기 두 달 전부터 훈련을 받아 축제 후에는 사례금을 약간씩 받기도 한다.

다른 배우들은 먼 곳에서 자비를 들여 참가하는 자도 있다.

스바룹들은 3~4시간 동안 정성들여 분장을 한다. 그들은 반짝이는 금속조각 거울 백단, 페인트 화환 왕관으로 과도하게 몸을 치장하고 화살과 활을 지니고 다닌다. 전반과 하누만 신의 가면을 쓰고 왕관을 쓰는 순간부터 그들은 사람에 신의 화신으로 나타난다. 생동감 있는 신과 대면은 삭샤트 다르샨이라 부르는데 사람들은 한번 만나면 엄청난 복을 가져온다 하여 만나기를 희망한다.

라마야니스라불리는 전문 가수들이 람차리트마나스의 2행시를 부르며 배우들은 그 내용으로 지뜨 언어로 연기한다. 공연도중 관중들은 넋을 잃어 쓰러지기도 하고, 혼연일체하여 공연에 참석하기도 한다.

이날 공연이 끝나면 배우들은 무대에 사원의 신상처럼 진열되어 사람들의 숭배를 받으며, 꽃등 화환 향 폭죽 종을 울림으로써 경배를 받게 된다. 이 공연을 관람하고 참가하는 것은 위대한 천신과 경건을 행하는 것으로 여겨진다.

마지막 날 종이와 금박 나무로 만들어진 라바나와 다른 악마들을 한데 모아 불태우는데 라마신과 락스만의 역할을 맡은 배우가 불화살로 그것들을 한꺼번에 태워버린다.

② **바라트 밀랍축제** : 바라나시 인근지방 '임리'에서 열리는 이 행사는 14년간 망명생활을 하고 아요디로 돌아오는 '람'의 귀환을 재현하는 행사다.

③ **체트조르의 나카타이야 축제** : 악마를 섬기는 바쉬만이 람과 그의 형제 카르와 두샨을 죽이려 계획하는 장면을 공연하는데 환영 영웅들에 대한 특별 의미를 부여하기도 한다.

④ **나그나다이야(칼리아다만) 축제** : 겨울날 풀시가트에서 행해지는 이 축제는 플르트를 연주하는 크리쉬나 신으로 분장한 아이가 야무나강가에서 사람을 위협하는 뱀 칼리아를 제압하는 사건을 재현한다.

⑤ **쉬브라트리 축제** : 일식이나 월식 기간중 강에서 목욕하면 큰 복을 받는다는 축제이다. 쉬바신과 파르바티신이 결혼하는 2월

이나 3월, 각 지방 순례자들이 바쉬나타트사원에 모여 기도드린다.

⑥ **홀리 축제** : 홀리카 형상을 가지고 있는 악마를 불태우는 의식이다. 갈리의 교차로에서 하는 것이 가장 유명하다. 결국 악마 홀리카는 죽고 신의 이름을 외우던 프랄라드는 구원을 받아 살아남으로써 이튿날 물과 가루탄을 던지며 행하는 축제를 거행하는 것이다. 누구든지 물세례를 받기 때문에 저녁에는 모두 새옷을 갈아입고 홀리의 특별한 음식 구지야를 함께 먹는다.

⑦ **강고르멜라 축제** : 3월달에 자이뿌르 마르와리 사람들에게 인기 있는 축제다.

⑧ **람나바이 축제** : 람신의 생일 축제. 4월 코랑파르와 함께 이른 아침 람 가트에서 목욕하고 인근 사원에서 예식한다.

⑨ **나르싱 초다스 멜라** : 6월 가네스 지역에서 이루어진다. 비쉬누신이 반수인간으로 환생, 악마 히라냐카샵을 살해한 사건을 기념한다.

⑩ **미얀카멜라** : 매년 5월 첫 일요일, 성 산라 마후드의 무덤에서 행해지는 축제.

⑪ **강가다샤라** : 강가신이 이 땅에 온 것을 축하하는 행사. 물 없이 단식을 강행한 빔와자를 물에 넣어 살림으로써 목욕의식을 하고 몸에 베단 가루를 바른다.

⑫ **라댜트라 멜리** : 7월에 자가나드 신상을 모셔와 베어람 과수원에서 3일 동안 이행된다.

⑬ **니그간차미 축제** : 8월 나그쿠안에 있는 우물에서 목욕하고 뱀에게 우유를 공양하는 의식이다.

⑭ **카트리 테즈** : 샨쿠다라와 이스와르강에서 행해진다. 장마 기간 동안 여성들도 참여하여 아름다운 노래를 부른다.

⑮ **델라 초드** : 밤 달을 보고 악마에게 잡혀가는 사람을 구원하는 투석 의식이다.

⑯ **롤라르카 샤스티** : 태양신 카쉬의 아름다움을 찬탄하며 부부가 함께 목욕 아이낳기를 비는 의식인데, 다섯 가지 제철 채소를 신에게 바치고 아이를 낳을 때까지 먹지 않는다.

⑰ **두르카 푸자와 다시라 축제** : 악마를 죽인 두르카 여신의 신상이 도시 광장 곳곳에 세워져 동시에 축제를 시작한다.

⑱ **롤라스카 샤쉬티와 챠드 축제** : 10월 11월 첫 수확으로 추수를 감사한다.

⑲ **디왈리 부의 축제** : 남녀 모두가 화려한 옷을 입고 참석하여 강가에 등불을 띄운다.

⑳ **봄맞이 기념축제 두르파드와다마르** : 카얄 형식의 전통으로부터 차이티 카즈라 같은 단순 음악까지 공연된다. 사라이호라 골목길에 가면 매일 아침 이 노래를 가족처럼 다정하게 연습하는 일이 이루어진다.

㉑ **바라나시 음악 공연** : 힌두교 기도문에서 시작된 이 학교는 베람 칸 림찬드라 고

팔 바베 날쉬미푸라사드 비시르 시데쉬와리 데비 등을 유명한 라비샨가르 비스밀라칸 조틴 바타차랴 무용가 우다이 샨카르 비르주 마하라즈 같은 사람들을 배출하여 바라나시 예술의 주류를 이루고 있다.

㉒ **기녀들의 전통음악** : 이름난 공연가들이 춤과 노래로 세상을 즐겁게 하는데, 명문가의 자녀들도 춤과 노래 악기를 가르친다. 민속음악 고나린에서는 전통음악을 들을 수 있다. 이날 라즈가트와 아시가트에는 왕과 귀족들의 장식된 배가 꽃과 등불을 장식하고 나타나 밤새도록 노래 부르고 춤춘다.

㉓ **술라바리축제** : 장미축제

㉔ **당갈(레슬링)경기 및 씨름대회** : 매년 8월에 사가르 아라나 반 바라타 등 사원 공영장소 레슬링 경기와 바라나시의 학문과 사회운동 등 씨름대회가 열린다.

바라나시의 학문과 사회운동

① **쿠르쿨라시스템** : 몸과 정신, 영혼의 훈련은 스승과 함께 합숙 훈련한다. 산스크리트어로 베다와 종교, 경요가 드라마 점성학 천문학 건축학 의학 음악 대중토론(샤스트라 라다)을 배워 공인 장소에서 시험을 통해 인증서를 받기도 한다. 최고지도자로 모든 학문에 다 통하는 자는 황제에게 사르바비다니단(박사)의 칭호를 받기도 한다.

무슬림 정권의 포악과 이슬람교의 확장으로 라마난드는 박티운동의 지도자로서 신에 대한 엄격한 베딕보다는 인간본성의 본질로써 선 사랑 평등 관용을 가르쳤고, 그의 제자 카비르는 태어나자마자 버렸다가 직공인 니루와 니마부부에 의해 길러졌는데 사회 악에 도전 미신 카스트 우상숭배 예식주의 같은 장벽을 오직 사랑함으로써 허물어

실크를 생산하는 원주민

뜨렸다.

그가 거주하던 집과 가르쳤던 장소는 카비르초라 알려졌으며, 여기에 사암으로 지어진 작은 사원이 있다. 그의 작업장은 '마한트'라 하여 보존되어 있으며, 그가 사용하던 나막신과 나무 그릇, 그리고 그의 스승에게 받은 나무 구슬화관이 있다. 여기에는 어떤 종교적 장식물이 없는데, 이것이 그들에 대한 지극한 사랑인 것이다. 그의 양부모 집도 니구틸라에 있어 명상센터로 사용하고 있다.

바라나시의 성자들

① **틀사다스**도 이곳 아바다에서 탄생, 람챠리틀마나스를 저술, 라마의 인간 이상을 지지하여 이상적인 인간상을 이상적인 행실에 보편적 규범을 두었다.

② **성 라이다스** : 인간의 존엄성과 평등을 주장.

③ **챠이타냐 마하 프라부** : 크리쉬나 종파의 주창자.

④ **스와미다야난드 사라스와티** : 아랴사마즈 설립자.

⑤ **아디샨카라챠라** : 위대한 철학자.

⑥ **라마누라 발라바챠라** : 위대한 철학자.

⑦ **에크나드** : 위대한 철학자.

⑧ **스와미 비베카난드** : 위대한 철학자.

⑨ **아쇼바자이** : 자이나교의 고행자.

⑩ **부다** : 불교의 창시자.

⑪ **구루나낙** : 시크교의 창시자.

어떤 이들은 이곳에서 태어났고, 어떤 이들은 이곳에서 교육받고 가르침을 폈다.

⑫ **파단 모한 말비야** : 서양식 교육을 받고 산스크리트 힌디교육을 시행되어야 한다고 주장하신 분. 이것이 힌두대학에 채택되어 지금도 교육하고 있다.

⑬ **바니 베산트박사** : 역설적인 유신론자. 고대 인도사상의 재현을 주장, 1898년 힌두대학 설립, 말비아는 그녀를 설득 1904년 바라나시 힌두대학회를 바꾸고, 1905년 왕이 주관한 시민 모임에서 인도 각지의 저명한 교육학자들이 모여 협회를 구성했다. 말비야의 요청에 의해 전 주민이 기부금을 내어 도시 남쪽 13에이커의 땅을 기부하였으며, 1916년 영국 하르디제가 그 기반을 세웠다. 하지만 1921년 건물을 완성하여 대학 전체를 이곳으로 옮겼다. 말비야는 13년 동안 대학 부총장을 역임했다.

현재 이 대학은 1500에이커의 부지에 42개의 부서를 가진 대학으로 신장, 인도에서 가장 유명한 의학 과학기술에 전통문화를 전수하는 세계적인 학교로 발돋움하였다.

⑭ **아메르의 왕 자이싱**은 1585년 판츠강가에 최초의 산스크리트 학교를 건립했다.

이 학교는 1792년 산스크리트어를 연구하고 문서들을 보존하기 위해 조나단 던컨에 의해 부흥되었는데, 지금은 삼푸르나난드 산스크리트대학으로 개명, 도서관에 150,000권 이상의 도서실이 보존되어 있다.

⑮ 위대한 민족주의자 쉬브 프라사드 굽타는 1921년 자신의 땅에 카쉬 비댜피드라는 교육기관을 세워 젊은이들에게 기술직업교육을 힌디어로 가르쳐 민족사상을 고취시켰다. 간디 랄 바하두르 샤스트리 아챠라데브 삼푸르나난드 등 많은 민족주의자들이 이 기관에서 배출되었다.

⑯ 19세기 중반에 세워진 나그리 프라챠리니신바는 힌디언어의 문학부흥을 위해 세워진 기관으로 성장했다.

⑰ 이슬람 연구의 아라비아센터인 자인 비다라야도 아주 유명하고 오래된 기관이다.

특히 바라나시 힌두대학박물관은 바라트 발라 바얀이라는 이름에서 알 수 있듯이 명예박사 라이 크리쉬나다스와 최초의 명예의 장 라빈드라난드 타고르로부터 시작하여 1952년 현자 네루가 박물관을 개장한 이래 10만점 이상의 예술품, 고고학자료 들을 전시하고 있다.

이곳에는 불교 자이나고 이슬람교의 삽화를 포함해서 세계적인 인도의 세밀화 아바인드라사드, 가가미드라나타 타고르, 난달 라브스 같은 20세기 화가들의 작품들이 소장되어 있다.

이들 작품 가운데는 사원 소녀(프라사디카 파이자바드, 2세기), 야윈부처 두상(간다라, 2,3세기), 카르티케야(바라나시, 5세기), 쉬바의 결혼(에타, 10세기) 등이 유명하며, 직물 전용관리가 킴크왑과기 인형관에는 인더스의 견본들과 라즈가트의 갠지스견본들이 있다.

또 젊은 고수와 쉬바의 흉상, 그네 타는 여성도 유명하고, 동전 전시관에는 인도 그리스 쿠샤나 굽타 술타네이트 무갈시대 구리 금 은 등 여러 가지 다양한 주조들이 있다.

문학전시관에는 아유르베다 음악 건축에 관한 희귀한 산스크리트사본 힌디사본 자한기르의 옥조 컵 활 쏠 때 사용하던 반지 갑옷도 있다.

⑱ 람나가르 성에 가면 비댜 만디르 바라나시 왕실 박물관이 있고, 근처 사라스와티 마반에도 1,000점이 넘는 사본들이 있다.

낱낱이 그 속에 전시 저장된 물건은 소개하기 어렵다.

구원의 바라나시

"카샴 마라남 묵티"

"구원을 위해서는 카쉬에서 죽어야 한다"는 말이다. 그래서 죽음을 앞둔 사람들이 매년 이곳으로 모여든다. 그리하여 매일 갠지스강에 목욕하고 사원에서 예식을 행하며, 명상 찬양을 통해 악을 씻고 죄를 멸한다. 일체의 모든 일은 보상을 받지 않고 행한다.

죽음의 막바지에 있는 사람도 친척들과 함께 그 마지막 날들을 "구원의 집(묵티 바반)"에서 보내며, 15일 동안 무료로 제공된다. 응접실에는 다음과 같이 써져 있다.

"회복의 희망을 가지고 있는 사람은 병원으로 가시오."

여기서는 어떤 약도 처방도 제공되지 않기 때문이다. 임종에 임하면 신성한 툴시잎이 깔린 마루바닥에 뉘어지며, 갠지스강 물(강가잘)이 입에 부어진다. 거기에는 어떤 고통도 몸부림 통곡 소음도 없다. 그래서 어쩌면 그 죽음은 행복한 해탈이라 부르기도 한다.

"파괴의 춤이 지나간 뒤 지복의 근원이 된 쉬바신의 집."

〈카쉬칸드〉

"경사스러운 죽음이 삶의 기쁨과 위안을 가져오는 장소."

〈미니카르니카 가트〉

쉬바신은 이곳에서 최상의 지식인 브라마갼 만트라로 만들어 영혼들을 유한한 세계에서 무한한 세계로 건너갈 수 있도록 도와주고 있다 생각하기 때문이다. 보통 사람들도 죽으면 남자는 하얀색, 여자는 분홍색 수의를 입혀 대나무 들것에 실어 소 수레나 릭샤, 사람들의 어깨에 짊어지고 가면서 외친다.

"람 남 사탸 해."
"유일한 진리는 람신의 이름뿐이다."

이 주문을 들은 사람은 하던 일을 멈추고 모두 길을 비켜준다.

어떤 때는 시끄러운 북소리 징 나팔 밴드로 고통스런 윤회를 해탈시키기도 한다.

만일 갠지스강 건너편에 가서 죽으면 구원을 얻지 못하고 당나귀로 환생한다고 한

아쇼카탑이 있던곳, 그 잔해가 남아있다.

다. 그러나 카비르는 스스로 그 전통을 깨고 그곳에 가서 죽었다.

마니카르니카 가트와 잘사인 가트의 두 화장터에서는 항상 불이 타오르고 있다. 쪼개진 나뭇조각, 검은연기 때문에 강이 잘 보이지 않는다.

이 화장터는 트리푸라바미바이 언덕에 살고 있는 "돔(화장터 관리인)"에 의해 관리된다. 정부의 전기 화장터 권장에도 불구하고, "우리의 지도자는 하리 쉬챤드리왕을 노예로 삼았던 라자"라 주장하면서 "신성한 갠지스는 절대로 오염되지 않는다"고 말한다.

그런데 "사냐시"라 불리는 은둔자들은 죽은 뒤 수장을 하기 때문에 화장을 하지 않는다. 그들의 성전은 사단에 모여 놓고도 죽은 사람의 몸이 완전히 타 없어지기 전에 친척 한 명이 대나무로 머리를 쪼개 그 속에 갠지스강의 물을 부어주므로써 다시는 이생에 애착을 갖지 않게 한다.

그리고 친지들은 1주일 동안 엄격한 금욕생활을 해야 하는데 이때 삭발을 하고 죽은 이를 위해 여러 가지 의식을 사제들과 함께 한다. 쌀과 검은 깨를 까마귀들에게 던져주는 핀다스를 봉헌하여 까마귀가 받아먹으면 영혼이 구원받은 것으로 간주한다.

이렇게 바라나시의 하루는 가트에서 시작하여 가트에서 끝난다. 노인들은 이곳에서 이러한 모든 것을 구경하고 이야기하며 휴식하다가 땅콩을 까먹고 카드놀이를 한다. 아이들은 모래성을 만들거나 연을 날리며 논다. 젊은 여성들은 자기의 염원을 토기 등불에 담아 물에 띄워 보낸다.

삭발한 머리에 주름진 얼굴을 한 과부들은 죽은 남편의 영혼이 하늘로 올라가는 것을 기리기 위해 하늘 등불 아카쉬담을 밝힌다. 중년의 여성들은 강연을 듣고, 사제들은 정성스레 저녁예식을 이행한다. 사공들은 저녁에 영업을 준비하여 마니가르니카 가트에서 죽은 자들이 가는 강의 길을 밝혀주기도 한다.

삶과 죽음이 공존하는 도시, 황혼이 짙어지면 산자들은 아르티를 위해 다시 비쉬바나드 사원으로 가면 사제들은 101개의 등불을 준비한다.

"강가 마이야 키 자이"
"어머니 갠지스강에게 영광을"
하고 만트라 나팔소리가 들리면
"하르하르 마하데브"
"쉬바신에게 영광을"
하는 소리가 연속해서 들려온다.

그래서 모리스 귀어는 바라나시를
"많은 세대들이 열반을 얻어 열반한다. 그들의 믿음과 생명력이 돌로 포장된 그 길

조상의 천도를 위해 가족들이 삭발하고 제물을 준비하는 장면

에서 오래된 것과 새로운 것들이 함께 숨어 추구해 그곳의 분위기와 환경은 영적인 추구와 물적인 추구가 동시에 이루어진다. 전설과 미신, 허구와 실제 사이에서 살고 있는 사람들, 영원과 무한, 밝음과 아름다움이 강의 생명력에 넘쳐 흘러가고 있다."